河北沿海经济带高质量发展路径研究

刘艳红 等著

燕山大学出版社
·秦皇岛·

图书在版编目（CIP）数据

河北沿海经济带高质量发展路径研究 / 刘艳红等著.
秦皇岛：燕山大学出版社，2024.12
ISBN 978-7-5761-0381-6

Ⅰ．①河… Ⅱ．①刘… Ⅲ．①沿海经济－经济带－经济发展－研究－河北 Ⅳ．①F127.22

中国版本图书馆 CIP 数据核字(2022)第 142926 号

河北沿海经济带高质量发展路径研究
HEBEI YANHAI JINGJIDAI GAOZHILIANG FAZHAN LUJING YANJIU
刘艳红 闫　文章　扬　杨　涛　张丽丽　于佳鹏　许无为　著

出 版 人：陈　玉			
责任编辑：张　蕊		策划编辑：张　蕊	
责任印制：吴　波		封面设计：刘馨泽	
出版发行：燕山大学出版社		电　　话：0335-8387555	
地　　址：河北省秦皇岛市河北大街西段 438 号		邮政编码：066004	
印　　刷：涿州市般润文化传播有限公司		经　　销：全国新华书店	

开　　本：710 mm×1000 mm　1/16		印　　张：10	
版　　次：2024 年 12 月第 1 版		印　　次：2024 年 12 月第 1 次印刷	
书　　号：ISBN 978-7-5761-0381-6		字　　数：160 千字	
定　　价：52.00 元			

版权所有　侵权必究
如发生印刷、装订质量问题，读者可与出版社联系调换
联系电话：0335-8387718

前　言

　　河北，内环京津，外环渤海，广袤且充满生机，独特的地理位置使其成为京津冀协同发展的关键纽带，在中华大地之上熠熠生辉。作为全国沿海省市之一，河北如一颗璀璨的明珠，镶嵌在环渤海的中心地带。秦皇岛、唐山、沧州三个市依海而建，凭借秦皇岛港、唐山港（京唐港区、曹妃甸港区）、黄骅港这三个亿吨大港，为京津冀乃至华北地区的物资流通搭建起了便捷高效的出海通道。河北省沿海地区在全国区域协调发展中占据着重要的战略地位，它与辽宁沿海经济带、天津滨海新区、黄河三角洲生态经济区协同共进，共同构筑环渤海经济圈的重点开发区，成为我国环渤海区域极具活力与潜力的重要经济成长区，持续为区域发展注入强劲动力。

　　2021年8月，河北建材职业技术学院中标了河北省委财经领域重大决策支持课题"加快沿海经济带高质量发展研究"，本书为该课题的重要研究成果。课题组通过对国内外沿海经济带的系统研究，形成了河北沿海经济带高质量发展的基本思路和路径。具体包括：坚持以陆海统筹、跳出沿海看沿海、绿色低碳发展为原则，以"一市突进、三港同频、四区共振、双碳驱动、多方联动"为发展路径，着力建设区域中心城市，培育高质量发展动力源；着力优化沿海空间布局，畅通高质量发展双循环；着力发挥"四区"制度优势，放大高质量发展溢出效应；着力落实国家"双碳"部署，守住高质量发展生态红线；着力推进协同发展战略，开放高质量发展对外平台。推动河北沿海经济带成为京津冀环渤海经济圈创新发展、协调发展、开放发展、共享发展、绿色发展的新高地。2022年2月，该课题的研究报告得到河北省政府领导的肯定性批示，并批转相关市和部门有效吸收转化为相应的政策目标和工作措施。

该课题组的主要成员为河北建材职业技术学院刘艳红教授和杨涛副教授，河北科技师范学院闫文教授，秦皇岛职业技术学院章扬副教授和张丽丽教授，中国海关管理干部学院教师于佳鹏，以及践实智库（秦皇岛）科技有限公司总经理许无为等。本书是众多学者与实践者智慧的结晶，他们来自不同的领域和机构，却因共同的目标和使命汇聚在一起，以专业的知识、严谨的态度和执着的精神，为本书的创作付出了巨大的努力。刘艳红负责设计全书的总体结构。具体写作分工是：第一章，刘艳红、于佳鹏；第二章，闫文、于佳鹏；第三章，刘艳红、张丽丽；第四章，张丽丽、章扬；第五章，刘艳红、章扬、杨涛、张丽丽、许无为；第六章，闫文、张丽丽；第七章，章扬、许无为；第八章，杨涛、闫文。刘艳红、章扬负责全书的统稿及修改工作。此外，国家发展和改革委员会研究员黄征学、广东白云学院教授王术峰、山东省社会科学院研究员孙吉亭、烟台大学教授樊静、河北省委党校研究员王晓霞、燕山大学教授刘邦凡和张春玲、中共河北省委财经办调研员李永强、河北省财政厅调研员曹春芳、河北省人大民族侨务外事工作委员会原主任王振平、秦皇岛市统计局原副局长李春光、秦皇岛市发展和改革委员会调研员吴奇志、沧州市人大财经工委原主任张洪明、河北建材职业技术学院副教授王佳、成都中科元生生物科技有限公司总经理谭名芝、唐山海洋牧场实业有限公司总经理张云岭等众多学者和实践者都为本书贡献过智慧，在此一并表示衷心的感谢。

同时，本书作为河北省高校人文社科重点研究基地——河北科技师范学院海洋经济与沿海经济带研究中心的研究成果，得到了河北省教育厅人文社会科学重大课题攻关项目"河北省海洋经济高质量发展研究"（课题编号：ZD202118）、河北省社会科学发展课题"乡村振兴背景下河北省县域特色产业发展对策研究"（课题编号：20210201347）、河北省社科基金项目"基于新发展理念的河北沿海经济带开发区能级水平测度研究"（课题编号：HHB22YJ066）等的支持。期盼本书为河北省沿海地区的发展提供有益的参考和启示，为推动区域经济的繁荣贡献力量。

在新时代新征程中，让我们共同期待河北省沿海地区绽放更加绚烂的光彩，书写更加辉煌的篇章。

作者

2024 年 8 月 28 日

目 录

第一章 沿海经济带高质量发展理论 … 01
第一节 沿海经济带的概念内涵 … 01
一、沿海经济带的内涵及研究综述 … 01
二、相关发展理论 … 04
三、推动河北沿海经济带发展的重要意义 … 06
第二节 高质量发展的内涵 … 07
一、高质量发展的基本概念 … 08
二、经济高质量发展的基本特征 … 11
第三节 推动高质量发展的重要意义 … 14
一、高质量发展是适应新时代中国社会主要矛盾变化的主动作为 … 14
二、高质量发展是应对世界百年未有之大变局的必然选择 … 14
三、高质量发展是实现新时代发展目标的必由之路 … 15
四、高质量发展是资源环境约束下可持续发展的必然要求 … 16

第二章 国内主要沿海经济带发展现状及经验 … 17
第一节 江苏沿海经济带 … 18
一、区域范围和发展概况 … 18

二、产业基础和发展定位 ·· 19

第二节　山东沿海经济带 ·· 20
　　一、区域范围和发展概况 ·· 20
　　二、产业基础和发展定位 ·· 20

第三节　辽宁沿海经济带 ·· 21
　　一、区域范围和发展概况 ·· 21
　　二、产业基础和发展定位 ·· 22

第四节　广东沿海经济带 ·· 23
　　一、区域范围和发展概况 ·· 23
　　二、产业基础和发展定位 ·· 24

第五节　发展经验 ·· 25
　　一、推动海洋产业创新发展 ·· 25
　　二、坚持陆海统筹协调发展 ·· 26
　　三、推动区域绿色低碳发展 ·· 27
　　四、加强内外联动开放发展 ·· 27

第三章　河北沿海经济带发展的基础与特征 ································ 28

第一节　河北沿海经济带概况 ·· 28

第二节　河北沿海经济带的发展现状 ······································ 29
　　一、沿海经济带综合实力逐渐增强 ·· 29
　　二、沿海经济带开发开放程度不断提高 ···································· 30
　　三、沿海经济带临海产业和海洋经济规模有所扩大 ························ 34
　　四、沿海经济带陆海生态保护得到加强 ···································· 35
　　五、沿海经济带逐步融入京津冀协同发展 ·································· 38

第三节　河北沿海经济带高质量发展存在的问题 ···························· 43
　　一、沿海经济带增长极作用未能发挥 ······································ 43
　　二、沿海经济带开发开放程度不足 ·· 43
　　三、沿海经济带临港产业和海洋经济发展不充分 ·························· 44

四、沿海经济带资源环境承载压力依然艰巨 …………… 45
　　五、沿海经济带协同发展力度还需加强 ………………… 46

第四章 河北沿海经济带发展的历史机遇与时代背景 ………… 48
第一节 "双循环"发展格局重塑区域优势 ………………… 48
　　一、"双循环"发展格局对区域发展的促进作用 ………… 49
　　二、"双循环"新发展格局下河北沿海经济带发展的机遇 … 52
第二节 "双碳"目标驱动河北沿海经济带绿色转型 ……… 54
　　一、"双碳"目标对区域发展的促进作用 ………………… 55
　　二、"双碳"目标下河北沿海经济带发展的机遇 ………… 56
第三节 新质生产力发展下河北沿海经济带区位优势跃升 … 58
　　一、新质生产力对区域发展的促进作用 ………………… 59
　　二、新质生产力发展下河北沿海经济带发展的机遇 …… 60

第五章 河北沿海经济带高质量发展的思路与路径 …………… 62
第一节 加快沿海经济带高质量发展的基本思路 …………… 63
　　一、着力建设区域中心城市，培育高质量发展动力源 …… 63
　　二、着力优化沿海空间布局，畅通高质量发展双循环 …… 64
　　三、着力发挥"四区"制度优势，放大高质量发展溢出效应 … 64
　　四、着力落实国家"双碳"部署，守住高质量发展生态红线 … 64
　　五、着力推进协同发展战略，开放高质量发展对外平台 … 64
第二节 河北沿海经济带高质量发展的具体路径 …………… 65
　　一、聚焦空间布局，将唐山建成冀东北都市圈中心城市 … 65
　　二、优化产业布局，高起点承接国内国际产业转移 ……… 66
　　三、构建创新平台，深耕产业培育高质量发展动力源 …… 67
　　四、省部协同联动，打造海洋经济发展示范区 …………… 67
　　五、省际合作互动，践行"跳出带状链湾区" …………… 69

第六章 河北沿海经济带港口高质量发展的思路与路径 …… 70

第一节 河北沿海经济带港口发展概况 …… 70
一、河北沿海港口发展现状分析 …… 71
二、河北沿海港口发展存在的问题 …… 74

第二节 河北沿海经济带港口高质量发展面临的新要求 …… 75

第三节 河北沿海经济带港口发展的目标定位与战略思路 …… 77
一、总体目标 …… 77
二、发展要求 …… 77
三、战略思路 …… 78

第四节 河北沿海经济带港口发展的政策建议 …… 80
一、拓展功能，推进港口转型升级 …… 80
二、科学定位，推动港口错位发展 …… 81
三、创新引领，实现港口智能化发展 …… 81
四、生态优先，谋求港口绿色发展 …… 82
五、陆海统筹，加强港产城融合发展 …… 82

第七章 河北沿海经济带产业高质量发展的思路与路径 …… 84

第一节 河北沿海经济带产业概况 …… 84
一、产业规模不断扩大 …… 85
二、产业结构进一步优化 …… 85
三、主导产业初步形成 …… 87
四、特色产业快速发展 …… 91

第二节 河北沿海经济带产业高质量发展的目标定位与对策 …… 93
一、河北沿海经济带产业发展的总体目标 …… 93
二、河北沿海经济带产业发展的战略路径 …… 93

第三节 河北沿海经济带产业发展的重点领域与路径 …… 96
一、秦皇岛市产业发展的重点领域与路径 …… 96
二、唐山市产业发展的重点领域与路径 …… 104

三、沧州市产业发展的重点领域与路径 …………………… 109

第八章 河北沿海经济带园区高质量发展的思路与路径 …… 114
第一节 河北沿海经济带园区发展概况 …………………… 114
一、自贸区发展概况 ………………………………………… 114
二、综合保税区发展概况 …………………………………… 116
三、开发区（含经开区与高新区）发展概况 ……………… 116
第二节 河北沿海经济带园区发展存在的问题 …………… 118
一、河北沿海经济带自贸区存在的问题 …………………… 118
二、河北沿海经济带综合保税区发展存在的问题 ………… 121
三、河北沿海经济带开发区发展存在的问题 ……………… 122
第三节 河北沿海经济带园区高质量发展的对策建议 …… 124
一、河北沿海经济带自贸区高质量发展的对策建议 ……… 124
二、河北沿海经济带综合保税区高质量发展的对策建议 … 130
三、河北沿海经济带开发区高质量发展的对策建议 ……… 132

附录 ……………………………………………………………… 137
参考文献 ………………………………………………………… 146

第一章 沿海经济带高质量发展理论

第一节 沿海经济带的概念内涵

当下,世界经济呈现出经济全球化与区域经济一体化齐头并进的态势,沿海地区作为世界经济版图中极具活力和发展潜力的区域,在全球经济发展的进程中发挥着重要的引领作用。

一、沿海经济带的内涵及研究综述

(一)沿海经济带的内涵

沿海经济带是指产业沿着海岸线布局,点状密集、线状延伸、面状辐射,通过各种交通枢纽带连接起来的带状经济体和产业走廊。一般而言,经济带主要包括如下五个基本特征:第一,经济带是一个结构高级化的区域。经济带大多是经济高度发达的区域,其生产力水平较高,产业布局疏密有致,经济结构比较合理。第二,经济带是一个条带状区域,一般沿以线状交通枢纽为主的线状基础设施分布。第三,经济带的经济中心城市或经济聚集区一般不少于两个大中型城市,其被众多中小城市或城镇包围,具有较高的城市化水平。第四,经济带内各城市间交通便利,劳动力和资本流动频繁,产业联系紧密,产业发达并有若干产业集群分布。第五,经济带内的中心城市由于具有较大的经济势能,对周边地区具有较强的辐射和带动作用。当其发展到一定程度时,经济带内的资本、人才、高新技术等相关生产要素就会向周围地区流动,带动其周围地区的产业发展和经济增长。

(二)沿海经济带研究综述

沿海经济带的形成与演进一般会经历弱经济带、次强经济带和强经济带三个阶段,但是这三个阶段没有严格的时空界限,只是时间向度上的有序化演进。沿海经济带的特征取决于沿海地区的自然条件和形成因素,本质为通过利用港口、发展港区、带动港城、辐射城市来构建城市体系的产业带。实践表明,沿海经济带的形成是以产业带为基础、以交通网络为支撑、以城市为载体、以产业体系和城镇体系为极核的,是一种较强的沿海效应。

沿海经济带的空间组织模式是以海岸线为轴线、以大型港口为依托。由港口、港区、交通网络、城市组成的空间组织要素的形成路径为:第一个阶段,增长极的形成阶段。区域内的港口由于偶然性而得到优先培育,并迅速成为增长极。第二个阶段,轴线的产生阶段。随着多个增长极之间联系的增强,轴线形成,表现为铁路、公路、航道和信息通道的建设。第三个阶段,产业带的形成阶段。轴线的延伸和辐射使轴线及其附近出现不同层次的新增长极,形成带状结构产业带。第四个阶段,经济带的形成阶段。各增长极融为一体,扩散效应大于聚集效应,带动腹地经济的发展,形成经济带。

产业组织的基础因素是区位因素的延伸,贯穿经济带形成的全过程。其形成与演进的关键条件在于:将可持续发展的理念融入产业之中,实现产业结构、口岸功能和经济发展结构与需求三方面的互补。

沿海经济带发展模式主要有三种:

第一,腹地支撑型发展模式。这一模式多适用于内陆发展水平较高的国家和地区,许多历史悠久的国家经济分布并不具有明显的临海特点,内陆经济发展水平相对较高。港口作为交通的枢纽,主要是为内陆提供原料、产品及资本的集散渠道，内陆腹地对港口的发展起到了重要的支撑作用。港口发展反过来也能进一步刺激内陆经济的增长，促使内陆以港口为中心构建产业发展方向，形成港口与内陆经济的良性互动。如荷兰鹿特丹港之所以能成为世界第一大港，与其紧邻经济发达的西欧国家密切相关，特别是德国的崛起为鹿特丹港提供了天然的经济腹地支撑，而港口繁荣也带动了临港工业的发展。鹿特丹港是欧洲最大的炼油基地和世界第三大炼油中心，围绕它所形成的油品现货交易市场和石化工业在世界经济发展中占据重要地位。

第二，工业基地型发展模式。这类模式多适用于新兴沿海地区的发展初期。通过港口利用两种资源和两个市场，发展两头在外的临海产业、加工工业及其相关配套产业。沿海地区工业的发展还能够带动其下游产业和相关产业的发展。20世纪50至60年代，许多发达国家在沿海地区依托港口，通过填海造地开发工业园地，建立了"港口—工业基地"型的产业发展模式，工业布局出现向沿海地区集中的趋势，从而使沿海地区逐渐发展为世界上重要的工业集聚区。目前，围绕某种产业在沿海地区形成产业集群是新兴沿海经济带的主要形式，最为典型的是重化工业带。美国墨西哥湾地区是著名的石化工业产业带，其乙烯生产能力占全国生产能力的70%，炼油能力占全国总炼油能力的1/3。沿海地区工业的发展还能够带动其下游产业和相关产业的发展。如日本濑户内海工业区在钢铁石化工业的刺激下，聚集了纤维、造船、汽车、造纸等工业，成为日本重要的工业带。韩国浦项钢铁基地依托钢铁产业，带动了建筑、港口、航运和旅游等产业的发展。

第三，港口城市带动型发展模式。这类模式多存在于发展历史较长、国际或国家级大城市的沿海地区，同时也是沿海地区经济发展的最高阶段。港口建设的持续推进和规模的不断扩大，带动了港口城市的形成与发展。同时，港口城市的经济影响沿海岸带向临近地区和腹地延伸，形成联系紧密、分工合理的城市群。港口与城市相互结合，发挥港口强大的对外交往功能，使城市不再仅仅成为一种地区性或封闭型的经济或政治中心，而是通过与世界经济、贸易、文化、科技的广泛联系，在全球范围内起到世界或区域性经济中心的作用。如以纽约为中心的美国大西洋沿岸"波士华"

城市群，包括波士顿、纽约、费城、巴尔的摩和华盛顿5个主要城市以及附近40多个卫星城镇，是美国经济的核心地带，也是目前世界上规模最大的城市群，其首位城市纽约是全美乃至全球的金融、商业和文化中心。

二、相关发展理论

（一）增长极理论

经济增长极理论最早由法国著名经济学家弗朗索瓦·佩鲁于1950年提出。佩鲁认为某一地区的发展通常是一个不平衡的发展过程，即驱动整个地区发展的是一个或多个经济增长极，而技术进步或创新是经济发展的主要动因。经济要素在现实世界中的作用是在一种非均衡条件下产生的，经济增长并非在各个地方同时涌现，而是率先出现在某些特定的增长点或增长极上，这些增长点或增长极通常由一个或几个"增长中枢"构成，随后，增长效应再逐步传导至其他部门或地区。这说明增长极理论体现的是区域发展不平衡这一基本规律。佩鲁从三个方面对增长极的概念作了进一步的阐述：一是龙头行业和成长性，二是行业综合体和成长性，三是国民经济增长的增长极和成长性。

（二）点轴开发理论

波兰经济学家萨伦巴和马利士最早提出点轴开发理论。该理论认为国民经济是由点和轴组成的空间组织结构。点是指一定地域的各级中心城市，即各类"增长极"，轴是指连接各点的交通运输线路或以网络为主的基础设施。所谓点轴开发，是指将开发重点放在一定地域内由点轴有机组合而成的核心区位上，这一理论也被称为"增长极轴"理论。增长点和增长轴是区域经济增长的发动机和领头羊，既要发挥增长极（点）的作用，又要重视发挥点与点之间的交通干线（轴）的作用。在区域经济发展过程中，工业总是首先集中在少数条件较好的城市，并呈点状分布。随着经济的发展和重要交通干线（如铁路、公路、航道等）的建立，工业点逐渐增多。由于点和点之间生产要素交换的需要,产业和人口向交通干线集聚,使得交通干线连接地区成为经济增长轴,具有动态性。

(三)核心—外围理论

美国当代经济学家约翰·弗里德曼在《区域发展政策》一书中,分析了区际不平衡较长期的演变趋势,并在此基础上提出了核心—外围理论。这一理论首先将经济系统的空间结构划分为核心和外围两个部分,核心区是社会地域组织的一个次系统,具有强大的创新活力;外围区则是另一个次系统,与核心区相互依存,其发展方向主要取决于核心区。核心区与外围区共同组成一个完整的空间系统,二者还共同构成了一个完整的二元空间结构。城市的发展遵循一定的规律并表现出一些共性特征:首先由孤立的区域性中心开始,逐步发展为一定区域的极核,即中心城市;接着通过极核的发展所产生的辐射和带动作用,促进周围地区形成第二级城市;最终中心城市与第二级城市相辅相成,形成一个完整的城市体系。

(四)区域经济合作理论

区域经济合作理论源于分工理论。在早期的分工理论中,最有代表性的是亚当·斯密的绝对优势理论和大卫·李嘉图的比较优势理论。绝对优势理论就是将不同国家或地区的同一种产品的成本直接进行比较,选择具有绝对优势的产品进行专业化生产,通过交易获取收益。比较优势理论认为,只要产品成本比率在各国或地区之间存在差异,各国或地区就能够生产出各自具有比较优势的产品,通过交易获取收益。后来赫克歇尔提出了要素禀赋理论。该理论认为,各国或地区之间生产成本差异主要是由各国或地区之间生产要素的丰裕度的差别造成的。新经济地理理论的区位理论和新贸易理论的产生,清晰阐释了区域经济合作产生的原因及增长方式。从区域经济合作的地理原因看,地缘相近的国家或地区之间的经济交往不仅成本存在优势,而且十分便利。从区域经济合作的市场驱动力看,产业分布、市场需求以及市场分布等因素都是区域经济中心形成的制约因素。从产业外溢分析看,强调区域经济中心的交流和融合,不支持经济发展水平较低的国家或地区之间的封闭的经济合作。从政策因素看,强调国家政策在推动区域经济合作中具有决定性的作用。

(五)区域经济协调发展理论

基于我国经济发展水平不断提高、急需缩小东部沿海和内地之间日益扩大的发展差距的现实需要,1990年12月,中央提出要积极促进地区经济的合理分工和协调发展,这是我国最早提出的区域协调发展战略。对于区域经济协调发展的概念,我国一些区域经济学家提出了各自的观点,虽然存有一些差异,但基本共识是区域经济协调发展是各区域之间在互相关联、开放、互动的基础上,实现共同发展、差距逐渐缩小的经济发展过程。2003年10月,党的十六届三中全会提出科学发展观,我国区域经济协调发展被纳入科学发展观的核心范畴,区域经济协调发展被赋予了新的内涵,即把坚持以人为本,全面、协调、可持续发展的精神实质贯穿其中,从过去单纯强调缩小经济差距,转为统筹经济与社会协调发展,统筹国内与国际协调发展,统筹人与自然协调发展。

三、推动河北沿海经济带发展的重要意义

(一)推动沿海经济高质量发展是河北省发展开放型经济的战略之举

习近平总书记强调:"中国开放的大门不会关闭,只会越开越大。"开放是中国式现代化的鲜明标识。党的二十届三中全会通过的《中共中央关于进一步全面深化改革 推进中国式现代化的决定》提出:"优化区域开放布局。巩固东部沿海地区开放先导地位,提高中西部和东北地区开放水平,加快形成陆海内外联动、东西双向互济的全面开放格局。"河北省虽是沿海省份,但开放水平却不高,近年来河北省经济发展遭遇结构调整的阵痛与此不无关系。建设开放型经济体系是河北省破局解困、谋求更高水平发展的重要举措。推动沿海经济高质量发展,有利于充分发挥沿海区位优势,以更开阔的视野、更高的标准、更有力的举措推动全面开放,加快河北省

开放型经济体系建设步伐。

（二）推动沿海高质量发展是河北省打造经济增长极的关键之策

经济增长极是引领区域发展和转型升级的重要引擎，是推进区域改革创新和对外开放的前沿阵地。当前，河北省正处于转型升级的攻坚期，迫切需要打造能够引领全省创新发展、绿色发展、高质量发展的战略增长极。河北省沿海地区区位条件、资源禀赋、产业基础良好，具有成为全省经济增长极的先天优势。推动沿海经济高质量发展，打造全省经济增长极，有利于贯彻落实新发展理念，率先转变发展方式、优化经济结构、转换增长动力，支撑和引领全省经济高质量发展。

（三）推动沿海经济高质量发展是河北省深化供给侧结构性改革的重要抓手

推动高质量发展，供给侧结构性改革是主线。近年来，河北省在转型升级上取得了重要进展，但在供给侧结构性改革方面依然任重道远。河北省沿海地区重化工业布局集中，推动沿海经济高质量发展有利于探索供给侧结构性改革的新模式新办法，从而加快构建面向未来的现代化经济体系，为全省供给侧结构性改革树立样板、提供示范。

第二节　高质量发展的内涵

党的二十届三中全会指出："高质量发展是全面建设社会主义现代化国家的首要任务。必须以新发展理念引领改革，立足新发展阶段，深化供给侧结构性改革，完善推动高质量发展激励约束机制，塑造发展新动能新优势。"这一论断标志着高质量发展成为今后一段时间我国经济发展的主题。中国共产党始终重视经济建设与发展，特别是在改革开放以后，中国经济走上了高速增长的道路，经济建设与发展取得了明显成效。经过40余年的高速发展,我国经济发展的目标已由高速增长转变为高质量发展。尤其是中国特色社会主义进入新时代后,人民日益增长的美好生活需要的满足,离不开经济社会的持续健康发展,经济由高速增长阶段向高质量发展阶段转变成为新时代经济发展的基本特征。

一、高质量发展的基本概念

(一)发展

发展是一个动态的、历史的范畴,无论从哲学范畴看还是从经济学范畴考察,都是指在矛盾的推动和作用下,客观事物不断由小到大、由简单到复杂、由低级形式到高级形式、由旧事物到新事物的转变过程。高质量则是指客观事物具有较好的质地和性能,能够更大限度、更好地满足人们的需求。高质量发展是指越来越好地、能够更大程度地满足人们需求的发展。

从发展内涵演化的历程来看,不同的时代、不同的历史时期,发展的内涵具有差异性,因而发展是具体的、历史的,具有鲜明的时代属性和时代烙印。20 世纪 50 至 60 年代,经济学家们基本将发展视为经济现象,只强调经济层面,认为主要目的是实现经济增长。在此发展观的指引下,虽然大部分国家出现了经济增长的现象,但大部分民众的生活没有发生实质性的变化。20 世纪 70 年代,经济学家对发展有了进一步的认识,提出发展不仅要追求数量的增长,还要追求在增长的经济中多方面的质的变化,如贫困率的减少、社会结构的变迁、大众心态和国家制度的变迁。进入 21 世纪以后,发展的内涵得到深化与延伸,大致包括三层含义:一是指发展中国家的经济增长,二是指发展程度更加倾向于经济增长质量的提高,三是指人的发展。随着学术界对发展概念的深入思考,发展的内涵日臻完善。发展是从历史和现实生活问题的演变中总结得出的概念,它用来阐释人类经济社会的变迁,包括一个国家和地区的"内部经济"和"社会转型"。

（二）高质量发展

高质量发展是我国在 2017 年 10 月召开的中国共产党第十九次全国代表大会上提出的，表明中国经济已由高速增长阶段转向高质量发展阶段。2022 年党的二十大报告提出"加快发展方式绿色转型。推动经济社会发展绿色化、低碳化是实现高质量发展的关键环节"。这为新时代高质量发展指明了方向，也提出了一个极为重要的时代课题。高质量发展的根本在于经济的活力、创新力和竞争力。而经济发展的活力、创新力和竞争力都与绿色发展紧密相连、密不可分。离开绿色发展，经济发展便丧失了活水源头，从而会失去活力；离开绿色发展，经济发展的创新力和竞争力也就失去了根基和依托。绿色发展是我国从速度经济转向高质量发展的重要标志。

2018 年 3 月 5 日，十三届全国人大一次会议开幕，李克强总理在 2018 年国务院政府工作报告中提出："按照高质量发展的要求，统筹推进'五位一体'总体布局和协调推进'四个全面'战略布局，坚持以供给侧结构性改革为主线，统筹推进稳增长、促改革、调结构、惠民生、防风险各项工作。"

2020 年 10 月，党的十九届五中全会提出，"十四五"时期经济社会发展要以推动高质量发展为主题，这是根据我国发展阶段、发展环境、发展条件变化作出的科学判断。我们要以习近平新时代中国特色社会主义思想为指导，坚定不移贯彻新发展理念，以深化供给侧结构性改革为主线，坚持质量第一、效益优先，切实转变发展方式，推动质量变革、效率变革、动力变革，使发展成果更好地惠及全体人民，不断实现人民对美好生活的向往。

2021 年，恰逢"两个一百年"奋斗目标历史交汇之时，习近平总书记接连强调"高质量发展"，意义重大。3 月 5 日，李克强总理在 2021 年国务院政府工作报告中提出："'十四五'时期是开启全面建设社会主义现代化国家新征程的第一个五年。我国发展仍然处于重要战略机遇期，但机遇和挑战都有新的发展变化。要准确把握新发展阶段，深入贯彻新发展理念，加快构建新发展格局，推动高质量发展，为全面建设社会主义现代化国家开好局起好步。"

2022年10月，党的二十大报告中提出："高质量发展是全面建设社会主义现代化国家的首要任务。""未来五年是全面建设社会主义现代化国家开局起步的关键时期"，主要目标任务之一便是经济高质量发展。"我们提出并贯彻新发展理念，着力推进高质量发展，推动构建新发展格局，实施供给侧结构性改革，制定一系列具有全局性意义的区域重大战略，我国经济实力实现历史性跃升。"

"高质量发展"这一概念一经提出，便引起广大学者的高度关注和研究，但高质量发展是什么，至今为止还未在学术界得到统一界定。但是，从"增长与发展"的讨论到"经济增长与经济发展"的讨论，再到"经济增长质量与经济发展质量"的进一步探索，无疑推动着人类对"什么是发展""怎么样发展"等问题的进一步认识。进入新时代，"我国经济已由高速增长阶段转向高质量发展阶段"成为中国经济发展的基本标志，这一阶段性特征刷新了人们对于发展的认知。中国学界对新时代经济发展的主题，即"高质量发展"的理论内涵进行了积极回应，并从经济新常态、新发展理念、社会主要矛盾转变、宏观、中观、微观、资源有效配置等多个角度进行了相关阐述。

高质量发展的提出主要基于国内国外两方面考虑：一方面，从国内来看，自新中国成立初期延续而来的旧有发展模式，虽然在特定的历史时期、特定的历史条件下极大地促进了我国经济的恢复和发展，但同时也带来了一系列问题，如资源能源短缺、生态环境破坏、人民新的需求难以得到满足、关键核心技术对外依赖过高等。因此，原有的经济发展模式难以为继。同时，全面建成小康社会、建设社会主义现代化强国乃至中国梦的实现也都迫切需要我国从经济高速增长转向高质量发展。另一方面，从国际来看，高质量发展能够使我国更好地应对西方发达国家的挑战，增强国际话语权和竞争力。

（三）经济高质量发展

从宏观经济学角度看，经济高质量发展是在国民经济总量扩大的基础上实现经济运行更平稳、投入产出率更高、经济结构更均衡、社会福利更全面的发展。在发展经济学视角下，自然资源、劳动、资本等物质投入要素与人力资本、技术、制度、开放程度等要素共同构成影响经济增长和发展的因素，因而要素效率的提高和组合的优化可以推动经济可持续发展。因此，经济高质量发展的内涵应包括以下几点：一是要素投入产出比率高，意指在既定生产要素投入下增加产出，或在既定产量条件下减少生产要素投入及环境代价，通过要素最优组合和要素投入效率共同实现经济增长和发展。其内在逻辑是从要素投入数量转变为要素投入效率，从全要素生产率增长的分解与测算到生产率增长动因的追溯与验证的升级过程，突出经济增长的有效性和绿色性。二是国民经济系统内部结构不断优化，其内在逻辑是从以"增量扩能"为主转向"调整存量、做优增量"的结构性深度调整，是供给结构、需求结构、产业结构的优化升级，从而实现产品供给质量的升级，突出经济系统结构的协调性。三是经济发展以创新驱动为主，从劳动、资本等要素型驱动转换为主要依靠劳动力素质提高、技术创新、管理创新、制度创新等知识要素拉动，从而为经济增长提供持久的动力，突出经济发展动力的转变。狭义上，经济高质量发展是指产品和服务供给从"有没有"到"好不好"的转变，"旨在满足实际需要的使用价值特性"，意指一个国家在一定时期内生产的具体产品和服务的总和能够满足社会的需要，可以为新时代人民群众提供其所需的多样化、个性化、高端化的产品和服务。

二、经济高质量发展的基本特征

根据经济高质量发展的概念和内涵，本书认为经济高质量发展的概念特征主要体现在以下四个方面：

第一，经济高质量发展是效率更高、活力更强的发展。

高质量发展坚持"质量第一、效率优先"，以创新为动力支撑的发展使得生产的投入产出率更高，生态更友好，竞争力、成长力和活力更强盛。高质量发展的显著特点之一在于生产要素在生产、分配、交换、消费环节的高效使用和配置。一切用于经济增长的物质生产要素都是有限的和稀缺的。以大量投入土地、劳动力等要素及污染环境为代价实现的经济增长属于低质量的经济发展类型。高质量经济发展是投入产出率比较高的经济发展类型。因此，国家在经济发展过程中，要不断地通过调整和转变生产方式，即通过优化要素组合、提高要素生产效率来实现经济的增长，从而实现商品质量不断提升与物价稳定的市场目标。具体表现为生产要素集约利用程度高、生产要素投入低、生产产出效率高、产品附加值高、资源配置效率高、劳动生产效率高、投资效率高、全要素生产率高、经济效益好，即用等量或少量的资源增加社会财富。

第二，经济高质量发展是更高水平、层次和形态的发展。

高质量发展是注重集约式发展质量的发展。从粗放到集约的发展方式，实现从忽视效率到注重效率的生产方式转变，在效率的基础上重视质量，如产出质量、供需匹配质量等，才是高质量发展的要义。产品和服务、市场、企业制度和创新驱动实现进阶至更高水平，产业经济、城乡经济、区域经济和国际经济达到更高层次的均衡，经济新业态、新模式、新战略等经济新形态不断形成与完善。经济要想持续发展，前提是必须要高效利用自然资源和有限的能源。建立在过度开采自然资源基础之上的粗放型经济增长导致经济发展质量过低、人民生活质量下降，为此付出了巨大的资源与生态破坏的代价，因此，高效的资源利用和较低的环境代价必将被纳入经济高质量发展的考量之内。高质量经济发展是数量和质量的统一，既要有一定的增长速度，又要受到生态环境容量与资源承载力能力的限制，只有对生产要素不产生破坏性的消耗，才有可能实现持续的经济增长。因此，判断经济是否高质量发展，主要看经济增长的结果有没有偏离绿色发展方向，有没有偏离人民的生活质量需求。如果经济增长能够带来环境质量的提升，满足人民群众对绿色生态环境的需求，则可充分证明经济实现了高质量发展。

第三，经济高质量发展是更有安全感、获得感、幸福感的发展。

经济高质量发展可以促使私人产品与服务和公共物品与服务达到更高水平的均衡，满足人民对美好生活的向往的共享发展。国民经济平稳运行是经济健康发展的基础，经济运行越平稳，整个经济发展的稳定性就越好，生产要素的配置与利用就越有效，经济发展质量就越高。因此，经济高质量发展的基本特征是在保持中高速经济增长的基础上，实现经济的持续、稳定增长。评价经济运行稳定性的重要指标是经济波动幅度，经济波动的幅度越大，表明经济发展的稳定性越差。从长远来看，中国经济增速保持相对稳定十分必要，要避免经济增长速度大起大落，经济运行维持在合理区间是经济高质量发展的重要保障。合理的宏观政策和稳定的金融环境对于中国维持经济稳定增长至关重要，追求过快的经济增长、过度的投资和过宏大的社会发展规划，都易出现经济增长不稳定的问题。在中国经济增长率由高速换挡为中高速的背景下，宏观政策的制定与实施显得尤为重要，不仅要追求平稳的经济运行政策，还要制定符合国情的社会发展规划，着力点更多地集聚于促改革、调结构，使投入产出率逐步稳定提高，从而实现经济的高质量发展。

第四，高质量发展是协同性、动态性、长远性的发展。

经济高质量发展是一种新的发展战略，是一种综合性、引领性的战略，注重问题与结构、供给与需求、质量与效益、速度与规模等协调发展，注重伴随经济发展阶段的经济发展思想、战略、政策的迭代更新，注重发展的长期持续推进与探索。国民经济结构是指一个国家或地区在一定生产关系下的整个经济系统的构成、作用及其运动变化规律。可以说，国民经济结构是一个在系统组织框架下的多层级、多方位的复合体，只有国民经济各部门、各部门内部的关系和经济系统内各要素的配合关系及数量比例达到协调状态，社会再生产才能够顺利进行。因此，经济结构的优化升级能够极大地促进社会经济的高效发展。如第一、二、三产业结构的合理化和高级化，消费、投资、出口协调拉动，供给和需求保持动态平衡，东西部区域、城乡之间缩小发展差距等。国民经济重大比例关系和区域结构比较合理，说明经济发展比较平衡，意味着经济发展的质量较高。

第三节 推动高质量发展的重要意义

一、高质量发展是适应新时代中国社会主要矛盾变化的主动作为

随着社会主要矛盾发生变化,经济发展的理念、路径与策略也应相应地进行改变。党的八大提出,我们国内的主要矛盾已经是人民对于建立先进的工业国的要求同落后的农业国的现实之间的矛盾,已经是人民对于经济文化迅速发展的需要同当前经济文化不能满足人民需要的状况之间的矛盾。党的十一届六中全会提出,在社会主义改造基本完成以后,我国所要解决的主要矛盾是人民日益增长的物质文化需要同落后的社会生产之间的矛盾。从这两次重要会议提出的社会主要矛盾可以看出,经济发展的高速度、大规模是当时的迫切需求,只有通过加速发展,快速提升社会生产力,才能增强满足人民物质文化需要的能力。经过改革开放后40多年的快速发展,中国已经具有较高的社会生产能力,基本可以满足人民日益增长的物质文化需要,从某种程度上说,党的十一届六中全会所提出的社会主要矛盾已经基本得到解决。党的十九大报告指出,我国社会主要矛盾已经转化为人民日益增长的美好生活需要和不平衡不充分的发展之间的矛盾。这意味着,人民的需要不仅体现在数量上,而且体现在"美好"的质量上,过去高速度、大规模的经济发展模式在面对新的社会主要矛盾时短板尽显,因而党中央提出经济高质量发展的要求。党的二十大报告中提出,中国式现代化的本质要求之一便是实现高质量发展,要坚持以推动高质量发展为主题,主动适应新时代中国社会主要矛盾,不断丰富和发展人类文明新形态,并推动经济实现质的有效提升和量的合理增长。

二、高质量发展是应对世界百年未有之大变局的必然选择

世界经济史证明了一个规律:科学技术革命决定产业革命的兴起与发展,进而决定了世界各国的经济地位,而经济地位与国家在国际上的政治

地位和影响直接挂钩。党的十八大以来,我国面临的发展环境日趋复杂多变。从有利的因素看,以大数据、云计算等为代表的新一轮科技革命深入发展,并带来产业变革,各国都在加紧战略布局,力求借助新一轮的科技革命和产业革命塑造新的竞争优势。从不利的因素看,国际环境日趋复杂,"黑天鹅""灰犀牛"等事件频发,不稳定性、不确定性明显增加,不少国家的企业和许多跨国公司都在考虑或已经实施产业链、供应链重构,全力稳固已有的经济地位。从自身的因素看,挑战和机遇并存。挑战在于我国发展不平衡不充分的问题仍然突出,这是未来需要加以改善和解决的问题。机遇在于我国具备良好的经济实力、物质基础和市场空间等,这些是经济高质量发展得天独厚的条件。面对百年未有之大变局,中国经济不能固守原有的发展模式,而是要寻求一种新的发展模式,实现经济高质量发展。这既可以适应新一轮的科技革命和产业变革,又可以消除不稳定性、不确定性带来的不利影响,还可以发挥自身优势解决发展不平衡不充分的问题,是应对百年未有之大变局的必然选择。

三、高质量发展是实现新时代发展目标的必由之路

党的十五大首次提出"两个一百年"奋斗目标;党的十八大描绘了全面建成小康社会加快推进社会主义现代化的宏伟蓝图,向中国人民发出了向实现"两个一百年"奋斗目标进军的时代号召;党的十九大对实现"两个一百年"奋斗目标作出全面部署,并针对第二个百年奋斗目标设定了两个具体的发展阶段。在以习近平同志为核心的党中央的坚强领导下,经过全党全国各族人民共同努力,在中国共产党成立一百周年的重要时刻,全面建成小康社会的第一个百年奋斗目标如期完成。下一步,是实现全面建成社会主义现代化强国的第二个百年奋斗目标。社会主义现代化的一个重要特征是从单一现代化走向全面高质量现代化。因此,推动经济高质量发展是实现第二个百年奋斗目标、全面建成社会主义现代化强国的必然要求。党的二十届三中全会提出,"健全推动经济高质量发展体制机制""健全因地制宜发展新质生产力体制机制""健全促进实体经济和数字经济深度融合

制度"进而推动高质量发展，为全面建成社会主义现代化强国、实现第二个百年奋斗目标，以中国式现代化全面推进中华民族伟大复兴提供力量。

四、高质量发展是资源环境约束下可持续发展的必然要求

过去几十年，我国经济高速增长的主要驱动力是要素投入，但高投入高回报的同时，也带来了高能耗、高污染，这对资源可持续利用、环境可持续发展都提出了巨大挑战。从土地资源来看，伴随着城市化迅速发展与城镇规模的持续扩大，尽管有18亿亩耕地红线，但耕地面积不断减少，可用于城镇化的土地供给空间不断减少，土地资源持续吃紧。从能源供给来看，我国对能源的需求随着经济发展水平的提高而不断攀升，能源消费总量飞速增长，原油、原煤、天然气等能源的供给存在结构性短缺，并且对外依存度越来越高，能源安全问题日益显著。从生态环境来看，我国一度面临着复杂严重的环境问题，水污染、土地污染、空气污染等直接威胁居民的生存环境和身体健康。我国单位产值所消耗的能源、废水排放量等主要指标与世界主要发达国家相比还有较大差距。从人力资源来看，虽然我国的劳动人口总量依然庞大，但是老龄化趋势不断加强。根据国家统计局的数据，2021年65岁及以上人口占总人口的比重高达14.2%，远远超过国际通行的7%的老龄化社会标准。与此同时，我国15～64岁人口在2013年达到10.1亿人的峰值，此后便一路下降到2020年的9.69亿人。我国劳动年龄人口持续减少，劳动力对潜在经济增长率的贡献在逐渐减少，过去依赖的劳动力成本优势越来越小。

第二章　国内主要沿海经济带发展现状及经验

不同地区沿海经济带的发展既具有同质性，又因自然资源特征、产业基础、区域定位等的差异而有所不同。对不同地区沿海经济带的发展进行研究、分析，有助于总结经验，制定科学合理的发展策略。为此，本章选取我国三大海洋经济圈中的典型代表进行分析。东部海洋经济圈是由长江三角洲沿岸地区组成的经济区域，主要包括江苏省、上海市和浙江省的海域与陆域，江苏省在海洋工程装备制造业方面具有国际领先水平。北部海洋经济圈是由辽东半岛、渤海湾和山东半岛沿岸地区组成的经济区域，主要包括辽宁省、河北省、天津市和山东省的海域与陆域。其中，山东沿海经济带的发展在全国领先，辽宁沿海经济带的重工业基础较为扎实。南部海洋经济圈是由福建、珠江口及其两翼、北部湾、海南岛沿岸地区组成的经济区域，主要包括福建省、广东省、广西壮族自治区和海南省的海域与陆域。其中，广东省依托得天独厚的地理区位优势和政策基础，形成了若干国际海洋中心城市，提出了打造"海上新广东"的发展目标。本章选取以上省份进行分析、总结，以为河北沿海经济带发展提供参考。

第一节　江苏沿海经济带

一、区域范围和发展概况

江苏沿海经济带位于我国大陆东部沿海、长江三角洲北翼，包括连云港、盐城、南通3个市所辖全部行政区域，陆域面积为3.59万平方千米，海域面积为3.75万平方千米，2020年常住人口数为1903.6万。

2023年江苏省海洋生产总值（GOP）达到9606.9亿元，比上年增长6.7%。其中，海洋第一产业增加值为303.2亿元，海洋第二产业增加值为4023.4亿元，海洋第三产业增加值为5280.3亿元，分别占海洋生产总值的3.1%、41.9%和55.0%。

江苏省沿海地区的中心城市连云港能级较强，港产城联动发展格局加快形成。3个沿海城市中，连云港国家东中西区域合作示范区等一批重大功能平台建设成效较为显著，港口群建设取得突破。连云港港是江苏最大的海港，在港口货物进出口贸易中，整车外贸行业发达，区域性滚装件杂货集散能力较强，是新亚欧大陆桥东方桥头堡和"一带一路"的重要支点与重要综合交通枢纽。近年来，连云港港口智慧化水平不断增强，双向开放能力极大提升。盐城是江苏省海岸线最长、沿海滩涂最广、海域面积最大的地区。近年来，盐城加快推进淮河生态经济带出海门户建设，全面建设绿色低碳发展示范区，在"风光氢储"和LNG等领域均保持良好发展势头，成为新质生产力重要阵地的"碳路先锋"，是江苏省唯一的首批国家碳达峰试点城市。在海洋经济方面，盐城从优化海水池塘养殖品种结构，大力发展海水池塘设施化、工厂化养殖，实施深远海养殖行动，加快培育海洋生物产业链等方面推动海洋渔业高质量发展。南通持续推进通州湾长江集装箱运输新出海口建设，内河高等级航道网更趋完善；启动新机场，计划在未来成为上海国际航空枢纽重要组成部分；建成一批骨干公路、高速铁路和过江通道，多条过江通道被列入长江干线过江通道布局规划，向海交通格局取得跨越式提升，有效拓展了沿海港口腹地范围。南通港形成了沿江三港区、沿海一港区的总体格局，沿海港口组成一个通州湾港区，海洋旅游、海洋交通运输等服务业发展增速明显。

二、产业基础和发展定位

江苏省沿海地区新型工业基地建设迈出重要步伐，形成现代特色产业体系。初步形成以石化和精细化工、船舶和海洋工程装备、医药、新能源、新材料等为主的特色产业体系，成为长三角地区先进制造业布局的重要板块。截至2022年底，江苏省海上风电并网装机容量达1183万千瓦，规模位居全国第一。

当前，江苏省沿海地区确定了"长三角强劲活跃增长极、世界级城市群、沿海生态屏障提供重要支撑"的战略定位，高质量推进沿海地区发展。一是建设长三角区域重要发展带。加快江苏省沿海地区与上海、苏南地区一体化步伐，促进跨江融合，吸引要素资源跨江北上，协同建设长三角世界级先进制造业基地和世界级城市群，成为长三角一体化发展的重要支撑。二是建设海洋经济创新发展区。发挥独特区位和海洋资源优势，大力推进海洋科技创新，科学利用海洋资源，培育海洋新兴产业，努力建设成为我国海洋经济创新发展的高地。三是建设东西双向开放新枢纽。系统建设沟通我国内陆腹地、面向欧亚的陆海通道，更大力度赋能开放平台，畅通要素流动和优化资源配置，深化与中西部地区联动协作，加强与"一带一路"国家交流合作，打造我国中西部地区便捷出海通道。四是建设人与自然和谐共生宜居地。加强重要生态系统保护和修复，统筹推进生态保护修复、特色风貌塑造和碳汇功能提升，全面提高公共服务水平和公共安全保障能力，营造人与自然和谐共生、居民安居乐业的宜居环境。

第二节　山东沿海经济带

一、区域范围和发展概况

山东沿海经济带又称半岛蓝色经济区。发展经济带是中国第一个以海洋经济为主题的区域发展战略，是推动中国区域发展从陆域经济延伸到海洋经济、推进陆海统筹的重大举措。区域范围包括山东全部海域和青岛、烟台、威海、潍坊、东营、日照等6个市及滨州的无棣、沾化2个沿海县所属陆域，海域面积为15.95万平方千米，陆域面积为6.4万平方千米。

2023年，山东省海洋生产总值为17018.3亿元，比上年增长6.2%，对国民经济增长的贡献率为18.8%，占地区生产总值的18.5%，占全国海洋生产总值的17.2%。其中，海洋第一产业增加值为992.9亿元，第二产业增加值为7362.9亿元，第三产业增加值为8662.6亿元，分别占海洋生产总值的5.8%、43.3%和50.9%。

山东沿海经济带重点包括莱州湾区域和胶州湾区域。莱州湾是指黄河口至龙口市以南海域，面积为6060平方千米。它是渤海的3个海湾之一，也是山东省最大的海湾。莱州湾水域浅、泥沙多，黄河带来的大量营养物质使莱州湾成为中国的一个主要渔场，尤其以虾闻名。莱州湾沿海石油、卤水储量大，胜利油田有石油生产基地，寿光和莱州出产的海盐非常丰富。莱州湾的核心无疑是烟台。烟台是山东省的副中心城市，全市的经济总量很大，GDP仅次于青岛和济南。胶州湾位于黄海中部胶东半岛南岸，为半封闭海湾，胶州湾港口地理位置优越，形成了以青岛港为龙头的港口群。

二、产业基础和发展定位

近年来，山东先后发布了《现代海洋产业行动计划（2024—2025年）》《海洋强省建设行动计划》《关于加快胶东经济圈一体化发展的指导意见》等系列政策文件，从加快形成现代海洋经济格局、构建现代海洋产业体系、塑造海洋发展强劲动能、打造世界级海洋港口群、绘就人海和谐美丽画卷、构筑海洋对外开放新高地等 6 个方面作出努力，建设具有国际影响力的沿海现代海洋经济带，打造全球领先的海工装备研发制造、海洋生物医药产业、千万千瓦级海上风电"三大基地"，建设世界领先的海洋科技创新中心、东北亚国际航运枢纽中心，实施海洋生态修复工程，建设好"海洋十年"国际合作中心，实施"透明海洋""蓝色药库"等大科学计划，推动深海智能浮标、水下无人航行器等一批高端装备技术实现突破。2023 年，全省拥有国家级水产原良种场 18 家，累计通过国家审定水产新品种 61 个，均居全国首位；建成国家级海洋牧场示范区 67 处；最新一代深远海一体化大型风电安装船、全球首艘 10 万吨级养殖工船"国信 1 号"下水运营；自主研建的"蓝鲸 1 号""蓝鲸 2 号"钻井平台创造多项世界纪录。全省近岸海域优良水质比例达 95.6%，累计建成 4 个国家级美丽海湾，数量位居全国第一。

山东沿海经济带的重点城市青岛是国务院批复确定的国家沿海重要中心城市和滨海度假旅游城市、国际性港口城市、国家历史文化名城，是新亚欧大陆桥经济走廊重要节点城市和海上合作战略支点。青岛高度聚集了一流海洋科研教育机构，不断涌现出重要科研成果，屡创海洋科技新高度。

第三节　辽宁沿海经济带

一、区域范围和发展概况

辽宁沿海经济带位于我国东北沿海地区，毗邻渤海和黄海，包括大连、丹东、锦州、营口、盘锦和葫芦岛 6 个沿海城市所辖行政区域，陆域面积为 5.65 万平方千米，海岸线长 2920 千米，海域面积为 6.8 万平方千米，区位优势明显，资源禀赋优良。2020 年，该地区常住人口数为 1849.6 万，地区生产总值为 1.2 万亿元。

2023 年，辽宁省海洋生产总值为 4905.2 亿元，同比增长 5.4%。全省海洋产业增加值为2461.1亿元，比上年增长6.7%。其中，重点城市大连的海洋生产总值为2736亿元，同比增长6.7%，占地区生产总值的31.2%。海洋经济已成为大连高质量发展的重要引擎。

辽宁沿海经济带是东北主要出海通道和对外开放的重要窗口，是东北亚地区极具潜力的国际航运中心，是支撑东北全面振兴的重要区域。2020年，辽宁省沿海6个港口的货物吞吐量为8.2亿吨。辽宁省持续推进开放合作，辽宁自贸试验区123项试点任务落地实施，其中进境粮食检疫全流程监管、集装箱码头股权整合新路径等创新成果在全国推广，营口综合保税区实现封关运营。基础设施互联互通水平明显提升，全长1443千米的滨海公路全线贯通，哈大、盘营、沈丹高铁及丹大铁路建成通车，大连机场客吞吐量突破2000万人次/年，锦州、营口机场投入使用。

二、产业基础和发展定位

辽宁沿海经济带的传统优势产业不断优化升级，新材料、电子信息、生物医药等新兴产业加速发展，对经济的支撑作用持续加强。国产首艘航母、30万吨超大智能原油船等大国重器在大连问世。大连金普新区开放型经济发展成效显著，一批重大外资项目建成投产，外贸进出口额占全省总额的1/3。中日（大连）地方发展合作示范区和辽宁省内"一带一路"综合试验区加快建设。辽宁—江苏、大连—上海等对口合作深入推进。港口资源整合实现突破，辽港集团挂牌运营，以大连港为中心、营口港为骨干、其他港口共同发展的沿海港口群基本形成，港口集疏运体系建设不断加强。"辽满欧""辽蒙欧""辽海欧"交通运输国际通道开通运营。

当前，辽宁沿海经济带确立了东北地区产业结构优化的先导区、经济社会发展的先行区、开放合作的新高地、重要的国际航运中心和海洋经济发展合作区的发展定位。一是建设东北地区产业结构优化的先导区。大力推动装备制造等传统优势产业转型升级，推动数字经济与实体经济深度融合，加快发展新技术新模式新业态，培育海洋经济等新兴产业，引领东北地区加快新旧动能转换。二是建设东北地区经济社会发展的先行区。依托科教、人才等优势,加强关键核心技术攻关,打造科技创新成果转化、场景应用先行区,激发创新驱动内生动力。三是建设引领东北开放合作的新高地。充分发挥东北地区出海通道和门户枢纽作用,构建内外联动、互利共赢、安全高效的开放型经济体系,打造富有活力的开放高地,提升东北地区整体对外开放水平和东北亚国际合作水平。发挥地理邻近优势和辽宁—江苏、大连—上海等对口合作机制作用,深度对接融入京津冀协同发展、长三角一体化发展等区域重大战略,积极承接国内外产业转移,加强南北互动。四是建设东北亚重要的国际航运中心和海洋经济发展合作区。以大连港为中心,加强统筹协同,释放港口整合效应,提升航运服务水平,建设协同发展、绿色高效的世界级港口集群。促进辽宁沿海港口资源与东北腹地运输资源整合,推进港口集疏运体系建设,大力发展"公海铁"多式联运,开辟融入东北亚经贸格局的陆海物流新通道,形成对腹地经济发展的重要支撑。加强海洋生态保护,协同推进环渤海、黄海综合治理和陆域、流域环境整治,推进美丽海湾建设。统筹辽东半岛陆海空间,协同推进"渤海翼"与"黄海翼"高质量发展,加快现代海洋产业沿海布局,因地制宜建设海洋产业集聚区、滨海经济区,积极融入东北亚及亚太地区沿海地带分工协作和市场循环。

第四节　广东沿海经济带

一、区域范围和发展概况

广东沿海经济带规划范围涵盖广东省沿海陆域及相关海域,总面积约12.09 万平方千米。其中,陆域涉及海岸带的 15 个县(市)及 15 个地级以上市的中心城区,面积约 5.87 万平方千米,包含广州、深圳、珠海、东莞、惠州、中山、江门的沿海地区,以及佛山的禅城区、顺德区和南海区,还有汕头、潮州、揭阳、汕尾、湛江、茂名、阳江等地。广东沿海经济带毗邻港澳，面向南海，地处亚太主航道，扼南海交通要冲，基础设施较完善，是"一带一路"建设的重要战略枢纽，是我国参与经济全球化的核心区域之一和对外开放的重要窗口，具有极其重要的战略地位。

广东因海而兴、因海而富，是典型的以沿海经济带动区域发展的省份。改革开放以来，广东充分发挥沿海优势，大力发展外向型经济，取得巨大成就，沿海经济带已发展成为全国经济最具活力、开放程度最高、创新能力最强、集聚人口最多的区域之一，是国家参与经济全球化的核心区域、改革开放的先行区和世界制造业基地。广东省海域辽阔，截至2022年底，大陆海岸线长4084.48千米，居全国首位；拥有海岛1963个，海港建设条件优越，拥有适宜建港的深水岸线海湾200多个。广东省滩涂广布，生物种类繁多，截至2017年，滩涂、浅海可养殖面积为8360平方千米，占全国的32.2%，是全国著名的海洋水产地。矿产、油气资源储量丰富，沿海风能等可再生能源蕴藏量巨大，开发前景良好，南海可开采石油储量达5.8亿吨、天然气6000亿立方米，南海北部天然气水合物（可燃冰）资源储量约15万亿立方米。自然与人文景观别具特色，沿海沙滩众多，红树林分布广，拥有亚洲唯一的海龟自然保护区、全国唯一的大陆缘型珊瑚礁，以南越国遗址、南海Ⅰ号、开平碉楼等为代表的众多历史文化遗存驰名中外。环境质量优良，区域内各类海洋与渔业保护区达110个，总面积约52万公顷，海洋自然保护区数量、面积和种类均居全国首位。

二、产业基础和发展定位

2023年，广东省海洋生产总值为18778.1亿元，占地区生产总值的13.8%，占全国海洋生产总值的18.9%。海洋经济对地区经济名义增长的贡献率达到11%，拉动地区经济名义增长0.6个百分点。海洋产业增加值为6809.4亿元。全省海洋三次产业结构比为3.3∶31.4∶65.3。实体经济发展取得新成效，以海洋船舶工业、海洋工程装备制造业、海洋化工业、海洋药物和生物制品业、涉海设备制造、涉海材料制造等为代表的海洋制造业增加值总量达到4675.1亿元，实现同比名义增长4.9%。广东省在全国海洋经济发展中的贡献作用持续增强。

广东省的沿海城市在海洋经济布局上也各有侧重。广州、深圳两座核心城市瞄准海洋科创、蓝色金融、航运物流等高端服务业。佛山、中山等多座珠三角城市注重位于产业链上游的海工装备等高端装备制造业。粤东粤西两翼的汕头、湛江等城市则多聚焦海洋牧场、海上风电等特色产业，持续拓展产业链下游应用场景，发展海洋经济新业态。

广东省曾于2017年印发《广东省沿海经济带综合发展规划（2017—2030）》，提出要主动承担国家战略使命，服务国家发展全局，先行先试，在改革开放、科技创新、产业升级、生态文明建设等方面发挥引领和示范作用，并明确了沿海经济带发展战略定位，即建成全国新一轮改革开放先行地、国家科技产业创新中心、国家海洋经济竞争力核心区、"一带一路"重要枢纽和引擎、陆海统筹生态文明示范区，以及最具活力和魅力的世界级都市带。目前，广东省在此基础上提出了"海上新广东"的目标：不断优化海洋开发利用，提升经略海洋能力和核心竞争力，疏近拓远的海上发展格局初步形成；充分激发海洋"聚宝盆"潜能，有序布局海洋新质生产力，做强做优做大现代化海洋牧场、海上风电、高端海工装备、绿色石化等海洋产业，海上粮仓、海上矿山、海上药库、海上油田建设成效显著；制定海岸线保护整治修复实施方案，开展海岸线保护整治专项行动，突出守护好"国宝"红树林，打造"绿美广东"海洋样板；坚持陆海统筹，强化港产城联动，进一步挖掘海洋经济潜力，高质量发展海上系列产业，加快构建海洋新质生产力，强化海洋生态系统保护，促进人海和谐。

第五节　发展经验

一、推动海洋产业创新发展

海洋强国，产业强海。海洋产业是沿海经济带高质量发展的关键和基础。加快形成新质生产力，率先推动发展由要素驱动向创新驱动转换，由跟随式向引领型跃升，提升科技创新能力和技术成果转化能力，引导新产业、新业态形成。对于河北省而言，推进现代海洋产业体系创新发展，前提在于优化提升传统产业。河北省要努力推动海洋渔业从"增产导向"向"提质导向"转变，提升优质种苗养殖和供给能力；大力推广节本增效的现代绿色养殖技术，丰富产品线，唱响冀字牌，提升价值链；高标准建设海洋牧场，推广生态健康的养殖模式。巩固提升以修造船为基础的船舶业研发制造水平，大力培育在特种船舶修造领域的核心竞争力，建设山海关修造船综合基地，逐步形成以造修船为龙头产业、以特种船舶为特色产品的船舶工业集聚区。整合滨海旅游业发展的各类优质资源，加强与休闲体育业、邮轮业、科普教育等产业的创新融合，丰富滨海旅游产品供给类型；积极对接京津冀旅游一体化示范项目和中央重点文化工程，培育若干精品滨海旅游线路和景点，提升滨海旅游产品的文化内涵；主动顺应新发展格局，加强与其他沿海省份的协同配合，推动沿海旅游城市串珠成链。

二、坚持陆海统筹协调发展

陆海统筹是沿海经济带发展的题中应有之义。国内典型沿海经济带发展经验表明，凡是陆海经济联系层次高、相互支撑足，海岸带开发有序和海域开发布局合理的沿海地区，经济发展态势就好。因此要扭转国土空间管控、海洋资源开发等方面统筹程度不高，沿海优质资源闲置、浪费的现象，尤其是杜绝海岸线开发利用方式粗放低效、破碎化，低效占有、无序圈占、浪费岸线资源等现象。对于河北省而言，要坚持陆海统筹、协同一体。在主体功能区划定基础上，正确处理陆地与海洋、人与自然、开发与保护等关系，强调陆海一体、城乡协调、全域统筹、综合管控，统筹谋划陆海空间，推进陆海开发对接，拓展经济发展空间，统筹陆海资源配置、产业布局、生态保护、灾害防治协调发展。同时，还要加强陆海之间各类规划的衔接，特别是加强港口规划与各级国土空间规划的衔接，统筹协调港口发展与海洋、土地、岸线资源等之间的关系，保障港口发展空间。

三、推动区域绿色低碳发展

国内典型沿海经济带均高度重视生态空间的保护工作，将自然岸线、湿地、近海海域、山林、水系等视为珍贵的自然资源，在保护生态安全的前提下，积极探索绿色发展模式和路径，实现沿海经济带科学开发。这就需要优化海洋开发保护格局，合理配置海岸带资源，拓展海洋产业发展空间，提升海洋空间管控和治理能力。对于河北省而言，必须充分尊重海洋生态环境的动态性和整体性，坚持系统治理，从海洋生态环境系统的整体性出发，加强前瞻性思考、全局性谋划、战略性布局、整体性推进，系统开展污染治理、资源养护、生态保育、联合执法等各项工作，筑牢蓝色生态屏障。

四、加强内外联动开放发展

较发达省份均将沿海经济带作为一个整体进行统筹谋划，注重区域内双向交流合作，促进形成联动融合、互利共赢的区域协调发展新格局和形成新的经济增长极。对于河北省而言，要充分发挥不冻港自然优势和环渤海区位优势，丰富沿海经济带对外开放内涵，稳固和深化与东南亚、日本、韩国等国家和地区的合作，全方位参与国家"一带一路"建设，为国家构建全方位开放新格局提供重要支撑，实现港口、产业、城市互动发展新格局，提升沿海地区经济的集聚力和辐射力，进而带动近海内陆和整体经济发展，打造全方位开放开发新格局。同时，还要加快制度创新，着力建设市场化法治化国际化营商环境，加大省级层面政策支持：支持河北沿海产业投资基金扩大规模；支持沿海地区设立股权投资引导基金、各类产业投资基金和创业投资基金；对地方债置换及额度、大气污染防治、集装箱运输、国际航线开辟、国际班列开行、水源地生态补偿等方面给予倾斜支持；支持使用沿海未利用地，降低用海用地成本，简化报批程序。

第三章　河北沿海经济带发展的基础与特征

第一节　河北沿海经济带概况

　　河北地理位置独特，内环京津，外环渤海，为全国 11 个（不包括港澳台）沿海省市之一，分布有秦皇岛港、唐山港（京唐港区、曹妃甸港区）、黄骅港 3 个亿吨大港。全省大陆海岸线长 487 千米，陆域面积 3.57 万平方千米，海域面积约 0.7 万平方千米，海岸带总面积为 11379.88 平方千米。

　　河北省沿海地区是我国环渤海重要的经济增长区，与辽宁沿海经济带、天津滨海新区、黄河三角洲生态经济区共同构成环渤海经济圈的重点开发区，在促进全国区域协调发展中具有重要战略地位。

　　2010 年 12 月，国家部委联合调研组开始对河北省秦唐沧三市进行调研，并开始编制河北省沿海地区发展规划。2011 年 3 月发布的《国民经济和社会发展第十二个五年规划纲要》强调，要重点推进河北省沿海地区等区域发展，这意味着由秦皇岛、唐山、沧州组成的河北省沿海地区的发展被纳入国家战略规划。

第二节　河北沿海经济带的发展现状

一、沿海经济带综合实力逐渐增强

河北省沿海地区的 GDP 呈现不断增长态势，2023 年达到 15574.4 亿元，比 2016 年增长 48.5%，占全省的 35.4%（见图 3-1）。

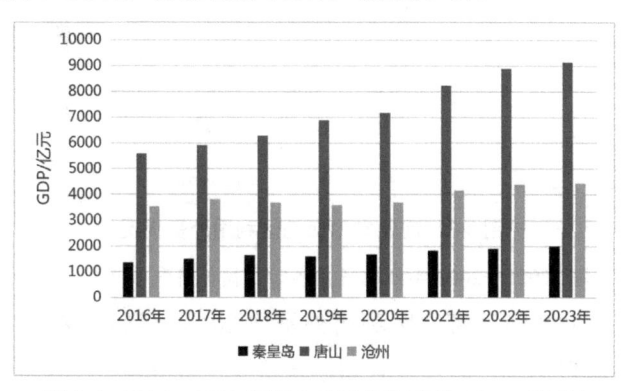

图 3-1　2016—2023 年河北省沿海三市的 GDP 对比图

数据来源：2016—2023 年河北省及各市国民经济和社会发展统计公报

纵观近十年的数据可见，沿海地区人均 GDP 明显高于省内人均 GDP。2023 年沿海秦唐沧三市的人均 GDP 为 86086 元，远高于全省人均 GDP 59332 元的水平（见图 3-2）。

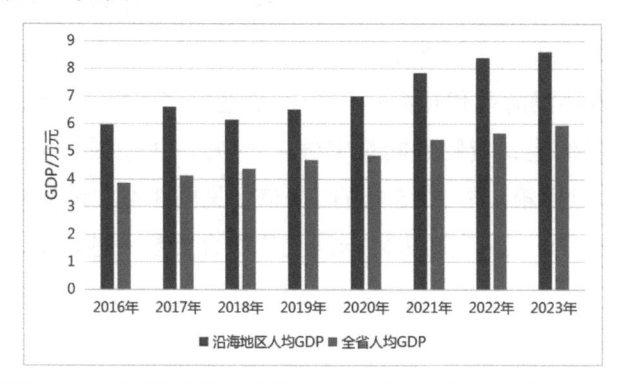

图 3-2　河北省沿海地区人均 GDP 与全省人均 GDP 的对比图

数据来源：2016—2023 年河北省及各市国民经济和社会发展统计公报

从外向型经济发展来看，利用外资规模不断增加，对外开放逐步深入。2020年沿海地区直接利用外资40.7亿元（见图3-3），占全省的36.9%；进出口总额1698亿元，占全省的38.51%。

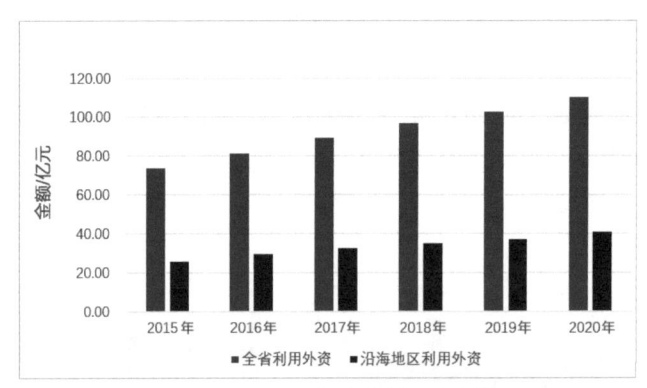

图3-3　河北省沿海地区利用外资情况

数据来源：2011—2020年河北省及各市国民经济和社会发展统计公报

2020年，沿海经济带实际利用外资比2015年增长58%，占全省的比重从35%增加到37%，超过全省同期增速8个百分点。

二、沿海经济带开发开放程度不断提高

1. 港口实现跨越式发展

河北省沿海地区主动融入"一带一路"建设，坚持向海洋要动力、要活力，全力推进港口转型升级。唐山港、黄骅港、秦皇岛港近年来发展迅速，正在朝着环渤海现代化港口群和重要港口商贸物流枢纽的目标迈进。2020年全省沿海港口货物吞吐量突破12亿吨，居全国第4位；集装箱吞吐量为446.8万标箱，是2015年的1.8倍（见图3-4）。随着货种结构的改善，河北省港口正在由集疏大港向现代化综合贸易大港转变，港产城互动呈现新局面。

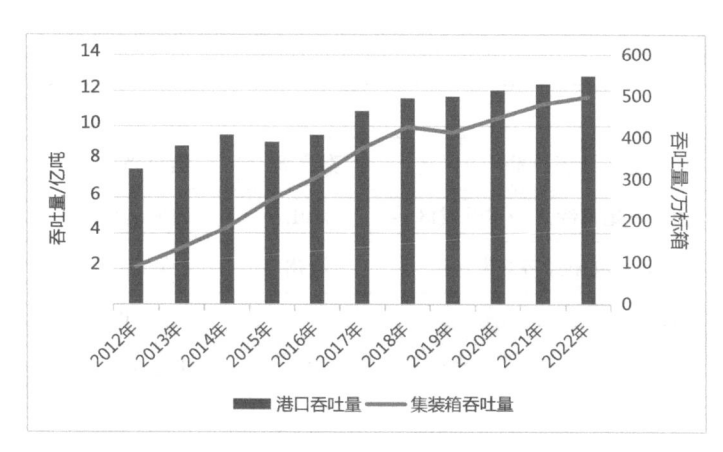

图 3-4　河北省沿海地区港口吞吐量和集装箱吞吐量

数据来源：2012—2022 年河北省及各市国民经济和社会发展统计公报

2. 对外开放的平台和载体不断增加

与省内其他地区相比，沿海地区不仅具备海陆联运的区位优势，还面向广阔的国内及国际市场。河北省沿海地区坚持"引进来"与"走出去"相结合，拥有沿海开放的"全牌照"，大力实施开放带动战略。2018 年，石家庄国际陆港首趟中欧班列开行，为河北快速融入"一带一路"助力；2018 年，唐山市入选国家第三批跨境电子商务综合试验区；2019 年，中国（河北）自由贸易试验区曹妃甸片区正式挂牌；截至 2020 年，河北省沿海地区拥有省级以上经济技术开发区 50 个（见表 3-1）；2022 年，河北唐山国际商贸交易中心成为市场采购贸易方式试点；2022 年，唐山市曹妃甸区成功获批国家进口贸易促进创新示范区。同时，京冀（曹妃甸）、津冀（芦·汉）协同发展示范区建设也取得丰硕成果。近年来，河北省出台了《中国（河北）自由贸易试验区条例》和《河北省科学技术进步条例》等多项制度和政策，为河北省沿海地区开放型经济迈入新层次提供了大力支持。

表 3-1　河北省沿海地区省级以上经济技术开发区一览表

序号	名称	城市	归属地	级别
1	中国（河北）自由贸易试验区	唐山	曹妃甸区	国家级
2	曹妃甸综合保税区	唐山	曹妃甸区	国家级
3	秦皇岛综合保税区	秦皇岛	秦皇岛市	国家级

(续表)

序号	名称	城市	归属地	级别
4	秦皇岛经济技术开发区	秦皇岛	秦皇岛市	国家级
5	唐山曹妃甸经济技术开发区	唐山	曹妃甸区	国家级
6	河北沧州经济开发区	沧州	沧州市	国家级
7	唐山高新技术产业开发区	唐山	唐山市	国家级
8	河北北戴河经济开发区	秦皇岛	北戴河区	省级
9	河北山海关临港经济开发区	秦皇岛	山海关区	省级
10	河北秦皇岛海港经济开发区	秦皇岛	海港区	省级
11	河北抚宁经济开发区	秦皇岛	抚宁区	省级
12	河北昌黎经济开发区	秦皇岛	昌黎县	省级
13	河北卢龙经济开发区	秦皇岛	卢龙县	省级
14	河北青龙经济开发区	秦皇岛	青龙满族自治县	省级
15	秦皇岛高新技术产业开发区	秦皇岛	秦皇岛市	省级
16	河北唐山海港经济开发区	唐山	唐山市	省级
17	河北唐山南堡经济开发区	唐山	曹妃甸区	省级
18	河北唐山芦台经济开发区	唐山	芦台经济开发区	省级
19	河北唐山汉沽经济开发区	唐山	汉沽管理区	省级
20	河北唐山开平高新技术产业开发区	唐山	开平区	省级
21	河北唐山古冶经济开发区	唐山	古冶区	省级
22	河北丰润经济开发区	唐山	丰润区	省级
23	河北丰南经济开发区	唐山	丰南区	省级
24	河北唐山城南经济开发区	唐山	路南区	省级
25	河北唐山西部经济开发区	唐山	路北区	省级
26	河北迁安高新技术产业开发区	唐山	迁安市	省级
27	河北迁安经济开发区	唐山	迁安市	省级

(续表)

序号	名称	城市	归属地	级别
28	河北遵化经济开发区	唐山	遵化市	省级
29	河北滦州经济开发区	唐山	滦州市	省级
30	河北滦南经济开发区	唐山	滦南县	省级
31	河北乐亭经济开发区	唐山	乐亭县	省级
32	河北迁西经济开发区	唐山	迁西县	省级
33	河北玉田经济开发区	唐山	玉田县	省级
34	河北沧州高新技术产业开发区	沧州	沧州市	省级
35	河北沧东经济开发区	沧州	沧县	省级
36	沧州临港经济技术开发区	沧州	渤海新区	省级
37	河北沧州中捷高新技术产业开发区	沧州	渤海新区	省级
38	河北黄骅经济开发区	沧州	黄骅市	省级
39	河北任丘经济开发区	沧州	任丘市	省级
40	河北河间经济开发区	沧州	河间市	省级
41	河北泊头经济开发区	沧州	泊头市	省级
42	河北肃宁经济开发区	沧州	肃宁县	省级
43	河北献县经济开发区	沧州	献县	省级
44	河北吴桥经济开发区	沧州	吴桥县	省级
45	河北东光经济开发区	沧州	东光县	省级
46	河北青县经济开发区	沧州	青县	省级
47	河北南皮经济开发区	沧州	南皮县	省级
48	河北孟村经济开发区	沧州	孟村	省级
49	河北盐山经济开发区	沧州	盐山县	省级
50	河北海兴经济开发区	沧州	海兴县	省级

三、沿海经济带临海产业和海洋经济规模有所扩大

1. 临港支柱产业持续优化

河北省沿海地区不断深化供给侧结构性改革，坚持港产城教融合发展量质齐升，大力推动传统产业提档升级、新兴产业提速增量、现代服务业提效扩容，坚决打好产业基础高级化、产业链现代化攻坚战，城市承载能力和内涵品质实现稳步提升。

近年来，河北省沿海支柱产业发展较快，形成了以石化、钢铁、冶金、装备制造、食品加工等为主导的产业格局，沿海地区临港产业加速聚集，推进沿海与腹地互动发展。沧州以汽车及零部件制造、绿色化工、生物医药、高端装备、港口物流为代表的主导产业加速形成，华北石化千万吨炼油升级改造项目顺利投产，中石化沧州炼化与中海油中捷石化合作发展化工新材料升级改造项目稳步推进，激光及智能制造产业集群、先进再制造产业集群、明珠服装商贸物流产业园区（基地）等被列入省相关产业布局指导文件。旭阳化工30万吨己内酰胺改扩建、沧州大化年产10万吨聚碳酸酯等一批重大产业项目开工落地，科迈新材料、利和知信高性能树脂、渤海东方化工、中国运载火箭研究院工业气岛等龙头项目稳步推进。沧州全市省级以上新型工业化产业示范基地达到9个，京津冀地区唯一一家国家再制造产业示范基地落户河间，泊头获评全国唯一的"中国绿色铸造名城"，河间、泊头、盐山被评为省级工业转型升级试点示范市（县）。"十三五"期间，唐山成功入选全国首批老工业城市和资源型城市产业转型升级示范区，中车唐车"复兴号"动车组被誉为"大国重器"，工业稳增长和转型升级成效受到国务院通报表彰，提前完成"十三五"国家化解钢铁过剩产能任务，战略性新兴产业年均增长17%以上。"十三五"期间，秦皇岛装备制造业增加值占到规模以上工业增加值的39.6%，年均增长10.7%，成为工业经济主导力量。服务业新业态、新模式加速兴起，服务业对经济增长的贡献率达到65%。新兴产业加快培育，高新技术产业占全市规模以上工业增加值达到36.7%，战略性新兴产业占规模以上工业增加值达到17.2%，康养产业增加值地区生产总值比重达到9.2%。

2. 海洋经济稳步发展

近年来,河北省海洋经济呈现稳步发展态势。数据显示,2023 年全省海洋生产总值达 3013.5 亿元,较 2020 年实现 23.5% 的累计增幅,占全国海洋经济总量比重由 2.9% 提升至 3.0%,在全省 GDP 中的占比也从 6.4% 增长到 6.9%。(见表 3-2)。在规模持续扩大的同时,河北省海洋经济对全国海洋经济的贡献度也在同步提升,体现了京津冀协同发展战略下海洋经济质量的持续优化。

表 3-2　河北省海洋经济发展核心指标对比（2020 vs 2023）

指标	2020 年	2023 年	增幅/变动
海洋生产总值/亿元	2309	3013.5	+23.5%
占全国海洋经济比重	2.9%	3.0%	+0.1%
占全省 GDP 比重	6.4%	6.9%	+0.5%

数据来源:2020 年、2023 年中国统计年鉴

四、沿海经济带陆海生态保护得到加强

1. 沿海经济带环境污染防治效果显著

河北省沿海地区稳步推进能源结构优化调整,实施严格的能源消费总量和单位能耗"双控",在循环生产模式、绿色生活方式的驱动下,污染防治成效显著。2020 年,河北省沿海地区的设区市细颗粒物（$PM_{2.5}$）年均浓度较 2015 年下降 35.8%。据统计,2015—2020 年沿海地区的设区市 $PM_{2.5}$ 年均浓度均低于全省水平（见图 3-5）,进一步对比可知,河北沿海经济带各类污染物的排放量与产生量均低于全省平均水平。河北沿海经济带扮演了绿色高质量发展先行者的角色。

近年来,唐曹生态廊道全面建成,秦皇岛、唐山成功创建国家森林城市,沿海地区地表水国考断面全部消除劣 V 类,水环境质量明显改善。河北省沿海地区在治理污染、修复生态方面效果显著。

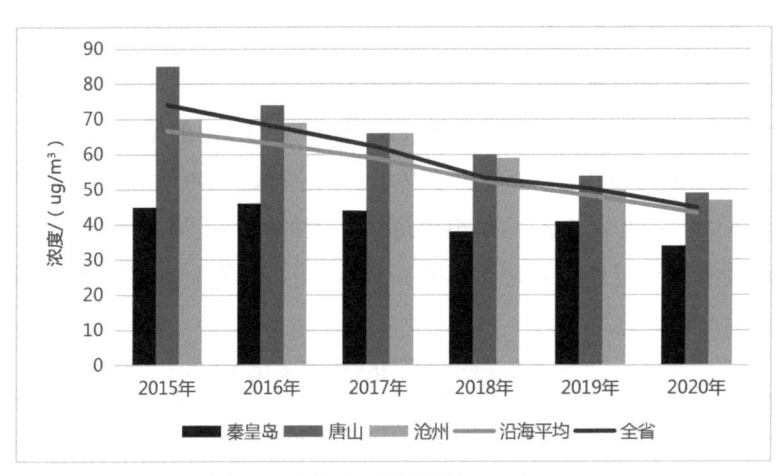

图 3-5　河北省沿海地区 $PM_{2.5}$ 浓度

数据来源：2020 年中国统计年鉴

2. 生态保护法治体系不断完善

河北沿海经济带以习近平生态文明思想为指引，在稳步增进社会经济效益的同时，坚持"绿水青山就是金山银山"的理念，统筹循环生产模式、绿色生活方式，维系生态系统的良性运转，不断完善生态环境保护与绿色、循环和低碳发展的法治体系，打出了一套山水林田湖草立法"组合拳"，着力形成生态环保领域立法合力。2020 年，河北省人大常委会共出台生态文明领域法规及法规性质的决定 8 件。截至 2021 年，全省现行有效生态环境保护领域地方性法规共 46 部，占法规总量的 21%，为推动美丽河北、沿海强省建设提供了重要法律支撑（见表 3-3）。

表 3-3　"十三五"时期河北省环保立法一览表

时间 / 年	河北省环保立法
2016	《河北省生态环境保护条例（修正）》
2018	《河北省地下水管理条例》
2018	《河北省促进绿色建筑发展条例》
2020	《河北省城乡生活垃圾分类管理条例》

（续表）

时间/年	河北省环保立法
2020	《河北省人民代表大会常务委员会关于加强船舶大气污染防治的若干规定》
2020	《河北省非煤矿山综合治理条例》
2020	《河北省人民代表大会常务委员会关于河北省资源税适用税率、计征方式及免征减征办法的决定》
2020	《河北省河湖保护和治理条例》
2020	《河北省人民代表大会常务委员会关于加强滦河流域水资源保护和管理的决定》
2020	《河北省机动车和非道路移动机械排放污染防治条例》
2021	《白洋淀生态环境治理和保护条例》
2021	《河北省长城保护条例》
2021	《河北省土壤污染防治条例》
2021	《河北省节约用水条例》
2021	《衡水湖保护和治理条例》
2021	《河北省土地管理条例（修订）》
2021	《河北省人民代表大会常务委员会关于加强矿产开发管控保护生态环境的决定》
2021	《河北省乡村环境保护和治理条例（修正）》
2022	《河北省港口污染防治条例》
2022	《河北省固体废物污染环境防治条例》

五、沿海经济带逐步融入京津冀协同发展

1. 交通运输网络逐步完善

近年来，河北省沿海地区初步构建起以港口为核心，连通省内、京津、环渤海地区以及晋蒙等腹地的综合交通体系，基础设施逐渐完善，服务水平不断提升，交通一体化格局不断完善，对外经济合作不断深化，保障了国家能源运输战略实施，提升了服务经济社会发展能力。作为国家"一带一路"建设的重要战略支点，唐山市近年来通过系统化港口能级提升工程，持续强化陆海联动枢纽功能。截至 2024 年，唐山港已建成各类生产性泊位 154 个、对外开放泊位 88 个，航线通达 80 个国家和地区的 200 多个港口。唐山港与天津港组建集装箱码头有限公司，实现了两港之间集装箱资源统筹和航线共享。唐廊高速、京秦高速二期、迁曹高速、津秦客运专线建成通车，京—唐—曹客运动车成功开通，京唐城际铁路全面提速。沧州黄大铁路建成投运，石衡沧港城际铁路全面开工建设，津潍高铁、雄商高铁、津沧城际铁路，京德、邯港、曲港高速公路，任沧港快速路，沧州支线机场建设工作扎实推进，京沪高速沧州至冀鲁界段、津石高速沧州段建成通车，中捷通用机场正式投用。秦皇岛对外综合交通更加便捷，开通多条城际始发高铁，借力京唐城际铁路，即将融入首都 1 小时交通圈。河北省沿海地区北戴河机场、三女河机场等开通深圳、上海、广州等 30 条航空航线，实现东北、华北、华中、西北、西南、华南、华东地区全面覆盖。沿海公路石河桥至冀辽界段建成通车，昌黄路至秦唐段公路改造工程完成近 80%，京秦高速秦皇岛段、秦唐高速公路加快推进，交通网络不断优化，区域交通合作联系更加紧密。

2. 京津冀协同发展平台不断增加

河北省沿海地区坚持创新驱动发展，广泛搭建科技创新平台（见表 3-4），加强重点平台建设，提升承接能力和水平，有力促进了功能疏解和产业转移项目的落地实施。曹妃甸协同发展示范区等重大承接平台加快建设，京冀（曹妃甸）协同发展示范区管委会 2020 年正式登记注册，京唐的渠道桥梁纽带功能做实。首钢京唐二期一步、乐亭新能源环卫车等重大项

目相继建成投产，中铁十六局高端装备制造、新天 LNG 等重大项目提速建设，冀东发展集团与北京金隅股份成功重组，成为京津冀产业合作的新样板。北京现代沧州工厂等一批产业转移重大项目建成投产。2024 年 4 月，北京和河北共建的北京·沧州渤海新区生物医药产业园升级为京津冀·沧州生物医药产业园，成为北京生物医药产业外迁重要承接地。经过近 10 年建设，园内北京企业 35 家、天津企业 9 家、河北企业 12 家，落地项目达 80 个，总投资超 200 亿元。东塑明珠商贸城、明珠国际服装生态新城成为京津冀服装服饰产业集中承接地，入围全国商品交易市场百强榜，四季青创新型智慧服饰产业园开工建设。秦皇岛出口加工区升级为综合保税区，北戴河国家级生命健康产业创新示范区获批成立，国家区域医疗中心建设全面启动。北京威卡威北方研发生产基地在秦皇岛建成投产，北京京能电力股份有限公司投资建设京能秦皇岛开发区热电联产项目，中信戴卡等优势企业在国外布局建设研发生产基地，秦冶重工公司成为全省"走出去"工程承包标杆企业。

表 3-4　河北省沿海地区科技创新平台、产业承接平台、落地重大合作项目表

时间/年	项目
2016	北戴河国家级生命健康产业创新示范区
2018	曹妃甸协同发展示范区
2019	秦皇岛综合保税区
2020	京冀（曹妃甸）协同发展示范区

河北省沿海地区强化科技人才引育，促进产学研用协同创新。河北省首家外国院士工作站落户北戴河新区，南开大学－沧州渤海新区绿色化工研究院、百度 Apollo 自动驾驶与车路协同项目等一批协同发展标杆项目在沧州正式落地。到 2020 年底，河北省沿海地区高新技术企业累计达到 2358 家，其中秦皇岛建成省级技术创新中心 52 家，与清华大学、天津大学、南开大学等 19 所高校共建产业技术研究院。2021 年，河北省沿海地区新建 43 个省级技术创新中心，3 个省级产业技术研究院（见表 3-5、表 3-6）。

表 3-5　2021 年度河北省沿海地区新建 43 个省级技术创新中心名单

序号	名称	承担单位	归口地
1	河北省农业数据智能感知与应用技术创新中心	河北科技师范学院	秦皇岛市
2	河北省高品质钢筋技术创新中心	秦皇岛佰工钢铁有限公司	秦皇岛市
3	河北省工业发酵与酶工程技术创新中心	秦皇岛华恒生物工程有限公司	秦皇岛市
4	河北省珍稀食用菌工厂化生产技术创新中心	河北丰科生物科技有限公司	秦皇岛市
5	河北省绿色智能矿山工程设计技术创新中心	中冶沈勘秦皇岛工程设计研究总院有限公司	秦皇岛市
6	河北省胶粘制品技术创新中心	秦皇岛市达瑞胶粘制品有限公司	秦皇岛市
7	河北省建筑高性能材料技术创新中心	秦皇岛市政建材集团有限公司	秦皇岛市
8	河北省挥发性有机废气治理技术创新中心	秦皇岛格瑞因环境工程有限公司	秦皇岛市
9	河北省钢管表面保护涂层技术创新中心	唐山京华制管有限公司	唐山市
10	河北省热轧板带高速精密轧制技术创新中心	唐山港陆钢铁有限公司	唐山市
11	河北省不动产数字化集成技术创新中心	唐山达意科技股份有限公司	唐山市
12	河北省专用汽车上装设计制造技术创新中心	唐鸿重工专用汽车股份有限公司	唐山市
13	河北省钢铁材料焊接焊丝技术创新中心	河北唐银钢铁有限公司	唐山市
14	河北省新型建筑工业化技术创新中心	中国二十二冶集团有限公司	唐山市
15	河北省纯碱碱渣减量与资源化技术创新中心	唐山三友化工股份有限公司	唐山市
16	河北省建筑结构绿色建造技术创新中心	华北理工大学	唐山市
17	河北省金属复合材料技术创新中心	河北津西钢铁集团重工科技有限公司	唐山市

（续表）

序号	名称	承担单位	归口地
18	河北省散料装备技术创新中心	华电曹妃甸重工装备有限公司	唐山市
19	河北省自行车新材料应用技术创新中心	唐山金亨通车料有限公司	唐山市
20	河北省智能立体停车库系统技术创新中心	唐山通宝停车设备有限公司	唐山市
21	河北省室内空气治理技术创新中心	皓庭（唐山）环境科技有限公司	唐山市
22	河北省矿物分级破碎设备技术创新中心	唐山天和环保科技股份有限公司	唐山市
23	河北冶金连铸设备再制造技术创新中心	唐山曹妃甸工业区长白机电设备检修有限公司	唐山市
24	河北省新型复合肥料技术创新中心	河北百禾丰化肥有限公司	唐山市
25	河北省光伏组件应用技术创新中心	唐山海泰新能科技股份有限公司	唐山市
26	河北省废旧木材资源化利用技术创新中心	河北盛奥松木业有限公司	唐山市
27	河北省罐式半挂车技术创新中心	河北宏泰专用汽车有限公司	沧州市
28	河北省石油天然气钻井金刚石钻头技术创新中心	沧州格锐特钻头有限公司	沧州市
29	河北省特种沥青技术创新中心	河北伦特化工集团有限公司	沧州市
30	河北省日用玻璃模具技术创新中心	河北荣泰模具科技股份有限公司	沧州市
31	河北省建筑工程绿色施工技术创新中心	河北天昕建设集团有限公司	沧州市
32	河北省铁路信号监测与控制技术创新中心	河北南皮铁路器材有限责任公司	沧州市

(续表)

序号	名称	承担单位	归口地
33	河北省光纤传输配件技术创新中心	河北鸿宇通信器材有限公司	沧州市
34	河北省深度水处理材料及应用技术创新中心	神美科技有限公司	沧州市
35	河北省特种石墨技术创新中心	河北博翔特种石墨有限公司	沧州市
36	河北省户外健身器材技术创新中心	沧州鑫龙教学设备制造股份有限公司	沧州市
37	河北省聚乙烯薄膜技术创新中心	河北海德塑业有限公司	沧州市
38	河北省大豆营养与应用技术创新中心	沧州医学高等专科学校	沧州市
39	河北省微通道连续制药技术创新中心	河北广祥制药有限公司	沧州市
40	河北省杂环类化合物技术创新中心	沧州临港亚诺化工有限公司	沧州市
41	河北省特种铸件技术创新中心	泊头市亚奇铸业有限公司	沧州市
42	河北省药食同源天然植物饲料技术创新中心	河北鲲鹏饲料集团沧州有限公司	沧州市
43	河北省装配式智能猪舍技术创新中心	沧州市牧疆南北农牧机械有限公司	沧州市

表 3-6　2021 年度河北省沿海地区新建 3 个省级产业技术研究院名单

序号	名称	依托单位	归口管理部门
1	河北省罐式运输车产业技术研究院	河北昌骅专用汽车有限公司	沧州市科技局
2	河北省（秦皇岛）装配式混凝土建筑产业技术研究院	秦皇岛和信基业建筑科技有限公司	秦皇岛市科技局
3	河北省绝热管道产业技术研究院	唐山兴邦管道工程设备有限公司	唐山市科技局

第三节　河北沿海经济带高质量发展存在的问题

一、沿海经济带增长极作用未能发挥

河北省在"十二五"规划中就提出了打造"沿海经济隆起带"的目标和要求，但是经过 10 多年的发展，河北沿海经济隆起带增长极作用不明显，沿海地区 GDP 占全省的比重呈总体下降趋势（见图 3-6）。"十三五"期间河北省沿海地区并未成为全省经济重要增长极。

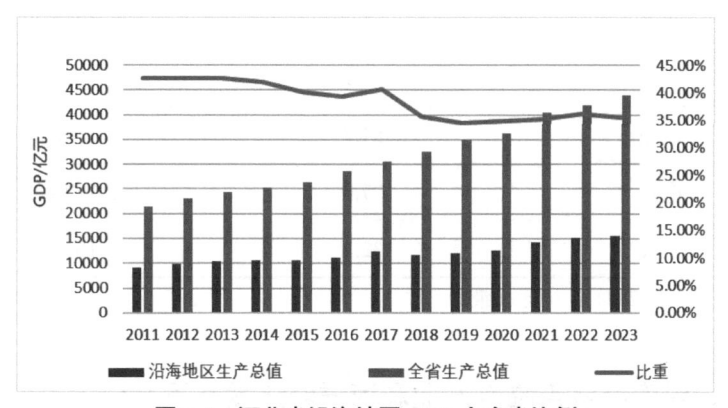

图 3-6　河北省沿海地区 GDP 占全省比例

数据来源：2011—2023 年河北省及各市国民经济和社会发展统计公报

截至 2023 年底，河北省沿海地区生产总值为 15574.4 亿元，全省的生产总值是 43944.1 亿元，占全省生产总值的 35.4%，离河北省沿海发展规划中 45% 的目标还有约 10% 的差距。同时，沿海地区生产总值的年均增长速度为 3.36%，低于河北省的年均增速 4.78%。

二、沿海经济带开发开放程度不足

发展外向型经济是沿海区域的核心竞争优势，但河北省沿海地区对外开放程度明显不足，与经济发达地区的差距很大。例如，2021 年秦唐沧三市实际利用外资的总和还比不上青岛一个市；在进出口总额方面，青岛市的进出口总额约为三市之和的 4 倍。秦唐沧虽然沿海，但其产业结构却并未呈现外向型经济的特点，沿海优势没有得到充分发挥，外向型经济发育严重不足（见表 3-7）。

表 3-7 沿海主要城市 2021 年实际利用外资额和进出口总额

城市	实际利用外资额 / 亿美元	进出口总额 / 亿美元
秦皇岛	14.8	62.0
唐山	21.0	220.0
沧州	7.5	58.2
青岛	61.7	1314.3
天津	53.9	1098.2
杭州	81.7	1140.3
广州	77.6	1674.5
宁波	32.7	1845.3

数据来源：各市 2021 年统计公报

三、沿海经济带临港产业和海洋经济发展不充分

1. 沿海区域产业结构不合理

河北沿海经济带产业结构不合理，城市重工业和加工制造业的分布过于集中，产业同构现象比较严重，加剧了区域内同行业的无序竞争，带来了环境污染和资源浪费，制约了沿海地区经济的可持续发展。

2023 年河北省三大产业比为 10.0 ∶ 38.7 ∶ 51.3，沿海地区三大产业比为 8.3 ∶ 44.9 ∶ 46.9，第三产业所占比重低于全省近 5 个百分点，说明沿海地区在注重工业聚集的同时，第三大产业的发展没有跟上。作为沿海省份，河北省第三产业增加值占地方 GDP 比重本就低于全国平均水平，更低于全国大部分沿海省市。由此来看，沿海区域第三产业占比过低、三大产业结构不合理的问题就更突出（见图 3-7）。

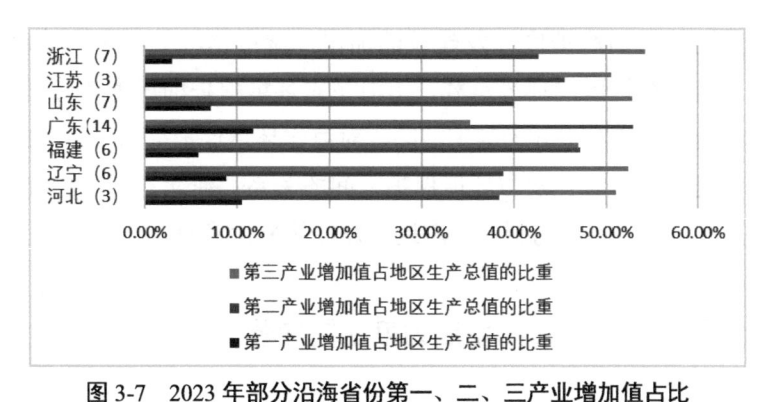

图 3-7　2023 年部分沿海省份第一、二、三产业增加值占比

数据来源：2023 年沿海各省国民经济和社会发展统计公报

2. 海洋战略新兴产业亟待开发

河北省海洋经济发展虽然取得了积极进展，但海洋生产总值基数偏小，与其余 10 个沿海省份相比，海洋生产总值无论是占全国海洋生产总值的比重还是占全省 GDP 的比重都偏低。2022 年，河北省海洋生产总值占全国海洋生产总值的比重在沿海 11 个省份中居第 9 位，与广东和山东等沿海强省比，相差 10 多个百分点。河北省的海洋生产总值占全省 GDP 的比重较全国平均水平低了近 2%。河北省的海洋产业层次仍较低，主要以渔业、制盐、航运等传统产业和以滨海旅游业为代表的新兴产业为主，海洋工程装备制造业产业规模小、核心竞争力不强，海水综合利用、海洋能源利用等未来产业尚未形成规模，海洋生物医药、深海采矿等高科技含量的新兴产业也处于起步阶段。海洋资源和区位优势尚未得到充分发挥，海洋战略性新兴产业亟待开发。

四、沿海经济带资源环境承载压力依然艰巨

河北省临港产业以煤炭、钢铁、化工为主导产业，这些产业的生产特性决定了其对水资源的巨大需求，再加上对京津两大城市用水的支持，导致河北省面临严重的水资源短缺危机，而水资源短缺也成为影响河北临港产业集群发展规模和速度的一个制约因素。同时煤炭、钢铁、化工等临港产业带来了严重的污染，使沿海城市和港口丧失了绿色竞争力。

随着河北省沿海地区开发建设的加快，城市化、工业化的加速发展，未来河北省沿海地区的环境承载、沿海生态环境保护的压力势必增大。河北省沿海地区的开发上升为国家战略，对海洋环境保护提出了更高的要求。如果不能处理好沿海开发与环境保护之间的关系，河北省沿海的优势就很可能成为劣势，也将成为制约沿海地区发展的最大障碍。

五、沿海经济带协同发展力度还需加强

1. 立体化交通网路还需进一步完善

虽然河北省沿海地区综合交通取得了长足发展，但与加快沿海地区率先发展和环渤海地区合作发展的要求相比仍存在较大差距。一是港口功能单一，"过境型"特征尚未完全改善。从河北省三大港口的实际来看，三大港口大致处于第二代港口的水平（见表3-8），目前仍主要以大宗货物的装卸为主要作业内容。港口功能单一化使得区域发展的核心竞争资源没有与区域发展有机结合。主要表现在：

（1）港口投资主体复杂，城市缺少话语权。为了提高河北省港口竞争力，2009年依托秦皇岛港股份有限公司组建了河北港口集团，由省国资委进行管理，赋予集团统筹开发、建设并运营管理河北省新增港口资源的职责。但是，河北省港口投资主体复杂，既有国开投、首钢、华电、华能、神华等央属企业，也有建设、开滦、河钢等省属企业。多投资主体及省国资委统筹管理使得港口所在城市管理部门对港口及港区发展缺乏话语权和参与建设的热情，致使港口建设运营过程中困难较大、运营费用过高、运营效率较低。

（2）城市基础设施建设与港口建设衔接不够。从港口发展趋势看，港口装卸特别是大宗散货运输带来了严重污染，极大降低了宝贵岸线的价值，港口与临港产业之间、与经济腹地之间的良性互动还没有得到充分发展。

（3）港口铁路疏港货运功能发挥不足。部分货运通道公路、铁路分担不合理，适于铁路长距离运输的煤炭、矿石等大宗散货仍依赖公路运输。公路、铁路、港口、民航等交通方式衔接不够顺畅，沿海地区机场航线少，

与石家庄机场航线网络衔接不紧密,运营管理水平不高。

表 3-8 四代港口的划分及主要特征

代别	形成时间	功能定位	主要活动	服务范围	决定性因素
第一代港	20 世纪 60 年代前	运输装卸港	主要提供船舶停靠、货物的装卸转运和仓储	港口对港口	运输成本与资源
第二代港	20 世纪 60 年代中后期	工业、贸易港	开展工业、商业活动,具有了货物增值功能	部分联运点对点	资源与资本
第三代港	20 世纪 80 年代初期	国际物流中心	集商品流、技术流、资金流、信息流和人才流于一体	多式联运门对门	信息与技术
第四代港	20 世纪末	参与国际经贸决策与组织经贸活动的调度总站	港口具备将生产、销售、运输等生产环节整合在一起的综合性功能	呈现网络化发展态势	人才与环境

2. 产业协同发展不够

河北省沿海地区深度融入京津冀协同发展,以"横向功能区"配合"纵向产业清单"的发展模式进行产业转移与承接,重点领域合作成效较明显。但在产业协同发展中也存在着如下问题:其一,京津冀完整的区域产业链尚未形成。从京津冀区域产业链方面看,产业节点关联已形成,优势企业联合和互补合作的现象普遍存在。但就产业配套措施方面而言,京津冀区域产业链配套不足,完整的产业链尚未形成。其二,京津冀区域产业发展自成体系,各区域的发展虽有国家宏观规划的指导,但由于既有利益格局的约束,各区域之间产业的内在联系在很大程度上被行政体制所阻隔,既有产业雷同现象,也有产业垄断现象,使得区域产业间互动不足,资源不能合理流动。

第四章　河北沿海经济带发展的历史机遇与时代背景

河北省作为环渤海经济圈的核心区域，拥有秦皇岛、唐山、黄骅三大港口群，具有显著的地理区位优势和雄厚的产业基础，在我国经济格局中占据着重要地位。河北沿海经济带是连接国内外市场、承载区域协调发展的关键纽带，也是推动河北省乃至我国北方地区经济增长的重要引擎。当前，在"双循环"发展格局加速构建、"双碳"目标稳步推进以及新质生产力蓬勃发展的时代背景下，河北沿海经济带正站在新的历史交汇点上，面临着前所未有的重大机遇。

第一节　"双循环"发展格局重塑区域优势

经过改革开放40多年的发展，中国已经成为世界第二大经济体。从供给看，我国已经是世界制造业第一大国，拥有世界上最完整、规模最大的工业供应体系，是唯一一个拥有联合国产业分类中全部工业门类的国家。从需求看，受疫情影响，中国已经取代美国成为世界商品消费第一大国，具有规模广阔、需求多样的国内超大规模消费市场，超大规模市场成为我国经济发展中的新比较优势，超大规模消费市场形成的超大规模内需已成为拉动中国经济发展的决定性力量。

2015年，中国首次提出供给侧结构性改革。为切实攻克经济社会发展中的深层次矛盾与结构性难题，2018年12月，中央经济工作会议从供求衔接的角度，强调"巩固、增强、提升、畅通"八字方针，其中的"畅通"指的就是"畅通国民经济循环，加快建设统一开放、竞争有序的现代市场体系，提高金融体系服务实体经济能力，形成国内市场和生产主体、经济增长和就业扩大、金融和实体经济良性循环"。尽管会议没有明确区分国内和国际循环，但从具体表述来看，中国政策重心已进一步向国内经济循环方面倾斜。

2020年初，随着新冠疫情的肆意蔓延，中美关系愈发紧张，逆全球化思潮也趁势抬头，世界经济的不确定性、不稳定性显著增强。国际环境错综复杂，中国经济虽然无可避免地承受着前所未有的外部压力，但国内基本盘总体稳定。2020年5月14日，中共中央政治局常务委员会召开会议，提出"要深化供给侧结构性改革，充分发挥我国超大规模市场优势和内需潜力，构建国内国际双循环相互促进的新发展格局"。随后，习近平总书记又多次强调"加快形成以国内大循环为主体、国内国际双循环相互促进的新发展格局，是根据我国发展阶段、环境、条件变化作出的战略决策，是事关全局的系统性深层次变革"，实现国内大循环畅通"是充分发挥我国经济巨大的市场优势、空间优势和发展韧性的重要体现"。

一、"双循环"发展格局对区域发展的促进作用

1. 以国内大循环为主，有助于优化区域协调发展

经过几十年的发展，中国已形成了全球最完整且规模最大的工业供应体系，并且拥有庞大的中等收入群体和需求多样的国内消费市场，具备了大国经济发展模式的基本条件。然而，随着中国经济进入新常态，供给侧结构性改革势在必行。全球单边主义、保护主义和霸凌主义等不确定因素的增加，以及新冠疫情对全球生产网络的冲击，中国在全球生产中的地位面临严峻挑战。在此背景下，通过扩大国内需求规模、提升需求质量和丰

富需求类型，可以有效对冲外部需求的周期性和结构性疲软，减轻国际大循环波动对中国经济的冲击。

以国内大循环为主导，可以促使各区域根据自身的资源禀赋和产业基础，精准锚定在国内产业链、供应链中的位置。这不仅推动区域间产业分工迈向合理化，更促使要素流动愈发顺畅，释放出强大的协同发展效能。强化国内各地区产业协作支撑，可以促进国内产业链重塑。充分挖掘中西部地区融入国际大循环的潜力，形成陆海内外联动、东西双向互济的开放格局，实现区域协调发展。

区域协调发展，需要抓住"一带一路"和"西部大开发"等战略机遇，利用东部沿海地区的开放经济优势，结合西部内陆地区的交通基础设施建设，打通向西开放的通道。东部沿海地区应专注于价值链高端的研发和销售环节，将低附加值的劳动密集型环节向中西部地区转移，打破区域行政壁垒，促进要素自由流动与资源优化配置。通过建立自主可控的国内价值链，整合优化上下游资源，带动相关产业协同发展，完成产业升级，最终实现区域经济的协调发展。

2. 国内国际双循环"相互促进"，有利于沿海和内陆省份统一大市场的形成

国内大循环与国际大循环，分别对应着国内经济运行体系和对外经济发展格局，二者并非孤立存在，而是相互交织、彼此影响，它们在动态发展中形成了互促共进的紧密关系。一方面，国内大循环是国际大循环的基础，两者深度融合能够推动国际大循环发展。国内需求的增长不仅能提升国内供给能力，还能扩大进口，而进口规模的扩大又会为出口创造条件，最终推动国际大循环。当国内需求不断提高时，人们追求更加多样化、更高质量和更富技术含量的产品，从而可以推动新兴产品的产生和新市场形成，这是一个良性循环的过程。另一方面，国际大循环为国内大循环向更高层次发展提供动力和支撑。首先，国际循环能够缓解国内就业压力，增加居民收入，进而扩大国内需求；其次，国内生产投资规模很大程度上受到国际循环的驱动；最后，高技术含量的国际循环可以通过学习效应、溢出效应和示范效应提高国内供给能力，促进国内需求的多样性增长和质量

提升，不断培育我国参与国际合作和竞争的新优势。

近年来，国家区域发展战略出现了许多新动向，沿海地区的再开发与开放再次成为重点。国家陆续发布《粤港澳大湾区发展规划纲要》《长江三角洲区域一体化发展规划纲要》《中共中央 国务院关于支持深圳建设中国特色社会主义先行示范区的意见》《中共中央 国务院关于支持浦东新区高水平改革开放打造社会主义现代化建设引领区的意见》等一系列重要文件，表明沿海地区的再开发和开放已成为国家近期区域协调发展战略的重要方向。

国内国际双循环，为沿海和内陆省份统一大市场的构建注入了强劲动力。沿海地区可以通过产业内迁与产业链延伸，主动构建以本土企业为主体的国内价值链，推动各类商品、服务、资本、人才等要素在沿海与内陆省份间自由流动、高效配置，从而有效缩小中国地区发展差距，改善落后地区发展状况，还能通过产业升级和转移，形成沿海与内陆地区之间有效的产业功能划分和互补协调的产业分工格局，释放出巨大的经济发展潜能。

3. 推进高水平对外开放，有利于区域产业的重塑优化

党的十九届五中全会强调，新时期应坚持实施更大范围、更宽领域、更深层次的对外开放。更大范围，从外部看，实质上就是在坚持继续对发达国家开放的同时，不断扩大对发展中国家开放，扩大国际合作的"朋友圈"，积极参与并推动各种双边、区域和全球性多边合作；从内部看，是在深化沿海地区开放的同时，进一步拓展沿江、沿边和内陆地区的开放发展空间，特别是依托"一带一路"建设促进区域协调发展。更宽领域，意味着突破传统边界，在多方面拓展对外交流合作。产业层面，向更多行业如高端制造业、现代服务业、新兴科技产业等开放，吸引外资进入并推动本土企业融入全球产业链更深层次；贸易形态层面，从货物贸易为主，拓展到服务贸易、数字贸易等新兴领域，促进贸易结构优化升级；国际合作层面，积极参与全球经济治理体系变革，在多边、区域合作机制中发挥更大作用，在规则制定、标准互认等方面加强交流与合作。更深层次，聚焦于开放程度与质量的深化，核心在于体制机制的深度改革与创新合作的强化。通过体制机制的深层次改革，营造国际化、法治化、市场化的营商环境，

增强我国在全球资源配置中的吸引力与主导力。

随着对外开放迈向更高水平，国外先进的技术、充裕的资本以及成熟的管理经验将不断涌入国内各区域。在沿海地区，高新技术产业通过对外开放，可以积极引入国际前沿技术，加速产品迭代升级，向产业链高端攀升，从全球加工装配基地向研发、先进制造和服务基地转变。而内陆地区借助开放平台，可以承接沿海产业转移，利用自身资源优势与劳动力成本优势，发展特色制造业，并以各类开发区为平台，着力打造内陆开放型经济战略高地。

二、"双循环"新发展格局下河北沿海经济带发展的机遇

"双循环"新发展格局强调国内国际市场的协同联动，河北省沿海地区可以凭借区位与资源禀赋，成为畅通国内国际双循环的关键枢纽。

1. 国内大循环中的枢纽

（1）交通网络畅达，物流枢纽功能凸显

河北省拥有秦皇岛、唐山、沧州三个沿海城市，秦皇岛港、唐山港、黄骅港三大沿海港口自北向南沿渤海湾依次排开，海运条件得天独厚，构成了连接内陆地区与海洋的重要物流节点。河北省沿海城市凭借铁路、公路等交通网络，与京津冀地区以及华北、西北地区紧密相连，在此基础上，能够进一步构建起高效的海陆联运体系。这一体系将在国内大循环中承担重要的物流枢纽功能，可以有效降低内陆地区货物运输成本，显著提高物流效率。

唐山港应发挥综合性深水大港和自贸试验区政策赋能等多重优势，打造服务国家重大战略能源原材料主枢纽港、内贸集装箱运输枢纽和综合贸易大港；黄骅港应重点建设国际贸易港、共建"一带一路"重要枢纽和雄安新区便捷出海口，打造多功能、综合性、现代化大港；秦皇岛港作为全国主要煤炭装船港，应在保障国家能源运输安全的基础上加快打造国际知名旅游港和现代综合贸易港。2024年，河北全省港口货物吞吐量首次超过14亿吨，位居全国前列；全省港口通过能力达11.98亿吨，492万标箱，居

全国第四位；唐山港货物吞吐量稳居世界沿海港口第二位。河北沿海港口已成为国家能源和原材料等大宗物资运输的重要枢纽、京津冀地区对外开放的重要窗口、河北融入新发展格局的重要依托。

（2）产业基础雄厚，市场辐射能力突出

从国内大循环视角看，河北省沿海地区作为国内大循环重要节点，可以依托自身在钢铁、石化、装备制造等传统产业领域雄厚的基础，有效对接国内庞大市场需求。如曹妃甸工业区已形成了以首钢京唐钢铁联合有限责任公司为核心的曹妃甸钢铁产业集群，具备千万吨级的钢铁生产能力，不仅为国内建筑、机械制造等行业提供了大量的基础原材料，而且通过产业链的延伸，带动了相关配套产业的发展。完备的产业配套能力，有利于吸引相关产业链上下游企业集聚，进一步畅通国内生产、分配、流通、消费各个环节，推动产业升级，提升产品附加值。依托京津冀庞大的消费市场，沿海经济带的产品能够快速进入国内市场，形成强大的市场辐射能力。

2. 国际循环中的开放前沿

（1）对外贸易拓展潜力巨大

河北省沿海地区与东北亚、东南亚等地区隔海相望，具有得天独厚的地理位置优势。随着"一带一路"倡议的深入推进，沿海港口作为"一带一路"海上通道的重要节点，其对外贸易的增长潜力巨大。以秦皇岛港为例，近年来积极拓展与沿线国家的贸易往来，在粮食、煤炭、矿石等大宗商品进出口方面取得了显著成效。同时，随着跨境电商等新业态的兴起，河北沿海经济带的企业通过线上平台与全球客户建立了更加紧密的联系，推动了外贸的多元化发展。作为河北自贸试验区4个片区中唯一的沿海片区，曹妃甸片区紧紧抓住"建设东北亚经济合作引领区、临港经济创新示范区"功能定位，大胆试、大胆闯、自主改，极力发挥深水大港、土地富集、平台众多等比较优势，努力探索新模式、打造新平台、培育增长极。唐山曹妃甸综合保税区吸引了众多跨境电商企业入驻，可以充分利用保税区的政策优势，开展进出口商品展示交易、保税仓储、物流配送等业务，促进河北省沿海地区与国际市场的深度融合。

(2) 外资引进与国际合作机遇丰富

在"双循环"格局下,河北省沿海地区对外资及国际合作极具吸引力,机遇丰富。秦皇岛市经济技术开发区、沧州渤海新区等国家级开发区,具备良好的投资环境和产业配套能力。这些开发区已吸引了大量外资企业入驻,如韩国现代汽车在沧州建立了整车生产基地,带动了汽车零部件配套产业的发展,促进了技术、资金和人才的引进。同时,沿海地区的企业也积极"走出去",开展国际产能合作。例如,河北钢铁集团在塞尔维亚收购了斯梅代雷沃钢厂,通过技术改造和管理提升,实现了钢厂的扭亏为盈,不仅拓展了国际市场,也提升了中国钢铁企业在国际上的影响力。

第二节 "双碳"目标驱动河北沿海经济带绿色转型

2015 年《巴黎协定》的达成,标志着全球气候治理进入一个以国家自主贡献方式协同应对气候变化的新阶段。中国为《巴黎协定》的签署、生效和深入实施作出了重要贡献。2020 年 9 月,习近平主席向国际社会作出了"二氧化碳排放力争于 2030 年前达到峰值,努力争取 2060 年前实现碳中和"的重大政策宣示,开启了"双碳"目标引领下的经济社会发展新征程。2020 年 12 月,中国提出新的面向 2030 年的四项具体目标,内容涵盖人均国内生产总值、碳排放、碳汇、可再生能源等方面。2021 年 4 月,中法德三国举行了领导人视频峰会,习近平主席在此次峰会上强调把碳达峰和碳中和纳入中国生态文明建设整体布局。随后在 2021 年 4 月 23 日召开的 40 国领导人气候峰会上,习近平主席提出了"六个坚持",并且进一步阐明中国有关实现碳达峰与碳中和的一些具体目标,包括"十四五"期间严格控制煤炭消费增长、"十五五"期间煤炭消费总量逐渐减少等。同时,中国还宣布接受"蒙特利尔协定书",加强非 $CO2$ 温室气体的管控。2021 年 7 月,全国碳市场启动上线交易。2021 年 9 月 21 日,习近平主席在第 76 届联合国大会上进一步宣布中国"不再新建境外煤电项目",再次为全球碳中和进程注入强心剂。在党中央的一系列战略部署下，各地紧紧围绕"双碳"目标，迅速开展并积极推进相关工作。

在"双碳"目标的强劲驱动下，河北沿海经济带正大步迈向绿色转型的新征程。钢铁、化工等传统产业摒弃高能耗、高排放的老路，积极引入前沿低碳技术，革新生产流程，逐步降低对传统化石能源的依赖，实现节能减排。例如秦皇岛大力发展海上风电项目，源源不断地为经济带注入清洁能源；唐山曹妃甸钢铁企业大力投入资金，采用新型蓄热式燃烧技术，让能源利用率大幅提升，二氧化硫等污染物排放量显著下降。河北沿海经济带要以"双碳"为指引，重塑产业格局，在绿色发展之路上稳步前进，实现经济增长与生态保护的双赢。

一、"双碳"目标对区域发展的促进作用

1. "双碳"目标促进新基建低碳转型并迅速发展

党的十九届五中全会提出了"十四五"时期经济社会发展的主要目标，包括"生产生活方式绿色转型成效显著"，会议还特别强调"要加快推动绿色低碳发展"。2020年3月4日，中共中央政治局常务委员会召开会议，提出要"加快推进国家规划已明确的重大工程和基础设施建设。要加大公共卫生服务、应急物资保障领域投入，加快5G网络、数据中心等新型基础设施建设进度"。"十四五"规划明确提出，要"统筹推进传统基础设施和新型基础设施建设，打造系统完备、高效实用、智能绿色、安全可靠的现代化基础设施体系"。

"双碳"目标的提出，为新基建的低碳转型指明了方向。新型基础设施作为现代化产业体系的重要基石，不仅是经济社会发展的"数字底座"，更是推动经济动能转换和实现高质量发展的强大动力源。新基建正以坚定步伐，在低碳转型之路上加速前行，正不断重塑产业格局，催生新的经济增长点，它在实现自身可持续发展的同时，为构建绿色未来奠定了坚实基础，还将为实现"双碳"目标提供坚实的物质基础和技术支撑。

2. "双碳"目标驱动产业低碳转型和新产业兴起

低碳转型是结构调整和产业升级向高质量发展的源动力。传统高耗能产业,如钢铁、化工等,在"双碳"目标的指引下,积极革新生产工艺,加大节能减排技术研发投入,淘汰落后产能,向绿色、低碳、高效的生产模式转变。转型产业不仅降低了自身发展对环境的负面影响,还在转型的过程中提升了自身的生产效率与市场竞争力。

另外,"双碳"目标的提出将推动新兴产业兴起。低碳、高效益的新兴产业集群化发展,将带来新的区域经济增长点。今后有可能出现一批又一批的碳中和企业、碳中和机构、碳中和城市、碳中和地区。

3. "双碳"目标拓展了生态文明建设的内涵,并为其难点问题提供了系统性解决方案

"双碳"目标的提出,为生态文明建设注入了新的活力与内涵,成为推动经济社会发展全面绿色转型的强劲引擎。在工业领域,"双碳"目标促使高耗能企业加快技术革新与工艺升级,淘汰落后产能,降低碳排放强度,推动产业结构向绿色低碳方向优化。在生态系统保护方面,"双碳"目标如同精准的调节器,可以让一系列生态系统修复工程有序开展,森林、湿地等自然生态系统的碳汇能力不断提升,使生态环境实现持续向好发展。

"双碳"目标与资源利用、生态恢复、生态价值提升、环境质量改善等融为一体,拓展了生态文明建设的内涵,为环境污染等难点问题的解决提供了根本性、系统性方案。还可以借由系统性思维的指引与协同推进的有力举措,实现经济发展与生态保护的良性互动。在"双碳"目标的引领下,各地积极探索绿色发展的新模式与新路径,推动了经济社会发展与生态环境保护的协调共进,为建设美丽中国、实现人与自然和谐共生的现代化提供了坚实保障。

二、"双碳"目标下河北沿海经济带发展的机遇

"双碳"目标稳步推进,给绿色低碳产业的发展带来了新的机遇。河北沿海经济带凭借丰富的资源与可观的环境容量,可以率先探索绿色增长

路径。

1. 新能源产业发展助力构建多样化的能源体系

河北省拥有7000多平方千米的海域，近海风能资源可开发量超过1000万千瓦，为河北省海上风电项目的开发奠定了坚实基础。秦皇岛港、唐山港和黄骅港等港口便捷的运输条件，能够高效地将大型风电设备运输至海上，从而确保海上风电项目的顺利实施。发展海上风电不仅有利于转变能源发展和用能方式，增加清洁能源的比重，还能促进大气污染防治，加快改善生态环境。

大力发展海洋新能源将成为我国能源结构转型的重要战略支撑。海上光伏是一种全新的海洋能源利用和资源开发方式。海上环境不同于陆地，在同等光照条件下，海面开阔，无遮挡物，日照时间长、辐射量高等优势使得海上光照利用效率远高于陆地。河北省沿海地区太阳能资源丰富，日照时间较长，为太阳能的充分开发利用创造了极为有利的条件。黄骅市积极推进太阳能光伏产业发展，利用盐碱地等未利用土地建设了多个大型光伏发电项目。这些项目通过"光伏+农业""光伏+渔业"等模式，实现了太阳能资源的综合利用。

河北沿海经济带应积极推进能源结构调整，大力发展清洁能源，加大风能、太阳能等可再生能源的开发利用力度，提高清洁能源在能源消费中的比重。大力发展可再生能源，有助于构建一个多样化的能源体系，对于促进河北省能源结构的调整、建设生态美丽的河北以及推动京津冀协同发展都具有十分重要的意义。

2. 节能减排与产业升级推动传统产业绿色转型

"双碳"目标驱动河北沿海经济带传统产业加速节能减排步伐，全力推进绿色转型进程。一方面，河北沿海经济带积极引进和培育新能源、新材料、高端装备制造等绿色低碳产业，形成新的经济增长点。如在新能源领域，唐山市引进了光伏制造、风电装备制造、大容量锂电池、氢燃料电池等新型能源装备制造项目，打造了特色鲜明的临港高端装备制造基地。另一方面，传统产业也通过技术改造和升级，实现绿色转型。例如，在钢铁行业，企业加大了对节能环保设备的投入，采用先进的余热余压回收利用技术、脱硫脱硝技术等，降低了能源消耗和污染物排放。同时，通过技术创新和产品升级，提高了产品的附加值和市场竞争力。如首钢京唐公司采用先进的智能制造技术，实现了生产过程的自动化和智能化控制，不仅提高了生产效率，还降低了能源消耗和环境污染。

3. 加强生态系统修复与保护，确保生态环境安全

"双碳"目标不仅要求减少碳排放，还要求加强生态环境保护。河北沿海经济带在推进绿色转型的过程中，应高度重视生态环境保护工作。一方面，加强沿海生态系统的修复与保护，提高生态系统碳汇能力。如近年来，秦皇岛市组织开展了北戴河及相邻地区近岸海域环境综合整治行动、蓝色海湾整治行动、渤海综合治理攻坚战等工作，截至2024年，累计整治、修复受损岸线14.5千米、滨海湿地230公顷，成功探索出一条陆海统筹、河海联动、系统治理、精准施策的生态修复模式。另一方面，加强环境污染治理和生态保护监管力度，确保生态环境质量持续改善。同时，加强生态环境监管能力建设，建立健全生态环境监测网络和环境风险防范体系，确保生态环境安全。

第三节　新质生产力发展下河北沿海经济带区位优势跃升

2023年9月，习近平总书记在黑龙江考察时指出："要立足现有产业基础，扎实推进先进制造业高质量发展，加快推动传统制造业升级，发挥科技创新的增量器作用，全面提升三次产业，不断优化经济结构、调整产业结构。整合科技创新资源，引领发展战略性新兴产业和未来产业，加快形成新质生产力。"新质生产力是以创新为主导驱动力，彻底跳脱出传统经济增长与生产力发展路径的先进生产力质态，呈现出高科技、高效能、高质量的显著特征，高度契合新发展理念的内在要求。

河北省沿海地区应沿着习近平总书记指引的方向坚定前行，加快培育

和发展新质生产力,努力改造提升传统产业,培育壮大战略性新兴产业,布局建设未来产业,扎实推进高质量发展向上突围。以知识、技术、数据作为关键内核的新质生产力,能够助力河北沿海经济带孵化新兴产业,厚植创新生态土壤,推动区域竞争力的重塑与升级。

一、新质生产力对区域发展的促进作用

1. 以新技术为核心驱动,为区域发展注入强劲动力

新质生产力作为以数字技术、绿色能源和智能系统为核心要素的先进生产力形态,正在重构区域发展的底层逻辑,促进了技术革新与生产效率提升。如在先进制造领域,3D打印、智能制造等技术的广泛应用,使生产流程更加灵活高效,复杂零部件制造精度和速度大幅提升。新能源产业在光照充足、风能丰富的地区蓬勃发展,带动了光伏、风能装备制造及储能技术等相关产业快速发展,优化了区域产业结构,提升了区域经济可持续发展能力。同时,大数据与人工智能可以助力企业精准决策,提升供应链效率和市场响应速度,增强区域产业竞争力。

2. 推动产业升级,助力经济结构优化

新质生产力可以推动传统产业高端化、智能化、绿色化转型,助力新兴产业壮大。在传统产业转型方面,智能制造赋能汽车、机械等产业,催生新能源汽车、工业机器人等新兴领域。例如,新能源汽车的崛起,不仅推动了汽车产业的绿色化发展,还带动了相关产业链的升级。新材料研发应用促进了化工、电子等行业升级。在化工行业,新型材料的研发和应用提高了产品的性能和环保性;在电子行业,新材料的应用使得电子产品更加轻薄、高效和智能化。新质生产力还催生了数字经济、生物技术等新兴产业,进一步推动了区域向高端制造业和战略性新兴产业迈进。

3. 打破区域发展壁垒,促进区域协同与创新生态构建

新质生产力可以打破区域发展壁垒,促进要素流动和资源共享。交通与物流技术的进步使区域间联系更紧密,形成了协同发展格局。京津冀、长三角等区域可以依托交通网络和信息技术,实现产业分工协作,资源优

化配置。同时，新质生产力可以推动区域构建创新生态系统，吸引科研机构、高校和创新企业，促进产学研合作与创新成果转化。政策支持与服务环境优化可以进一步激发区域创新活力，营造开放包容的创新氛围，推动区域经济持续健康发展。

二、新质生产力发展下河北沿海经济带发展的机遇

河北沿海经济带在新质生产力发展的浪潮中，正以前所未有的速度重塑其区位优势，为区域经济腾飞注入强劲动力。具体表现在以下从三个方面。

1. 沿海经济带产业优势凸显

新质生产力推动河北沿海经济带产业从传统制造业向高端制造业和新兴产业转型。例如曹妃甸依托工业区等产业园区，打造了以钢铁、装备制造等传统优势产业为基础，新能源、新材料等新兴产业为增长点的现代产业体系。曹妃甸工业区的钢铁产业集群，不仅在生产规模上位居前列，更在高端钢材研发与生产上取得了重大突破，为汽车、机械制造等行业提供了高端原材料。同时，河北沿海经济带积极布局新兴产业，如唐山积极引入先进电池技术与智能驾驶系统，深度赋能新能源汽车产业，从研发、生产到销售等环节精准发力，成功打造出极具竞争力的新能源汽车产业链，为区域经济增长强势注入全新动力。

2. 沿海经济带枢纽地位强化

新质生产力在交通物流领域的应用，显著提升了河北沿海经济带的物流效率与枢纽功能。智能化交通管理系统与自动化装卸设备的广泛应用，使港口运营更加高效。2024 年，河北全省港口货物吞吐量突破 14 亿吨，唐山港货物吞吐量稳居世界沿海港口第二位。高效的物流体系不仅降低了内陆地区货物运输成本，更使沿海经济带成为连接国内外市场的重要桥梁。黄骅港作为我国西煤东运、北煤南运的重要枢纽港口，凭借智能化管理体系与高效多式联运模式，实现能源物资在港口的快速中转，为保障国家能源安全发挥着不可或缺的重要作用。

3. 沿海经济带创新要素集聚

新质生产力的发展促进了河北沿海经济带与京津冀地区及其他周边区域的协同创新。沿海经济带借助京津冀协同发展契机，与北京、天津等地科研机构和高校建立了紧密合作关系，搭建起产学研用一体化的创新平台。沧州渤海新区通过与天津滨海新区合作，引入先进化工技术和创新团队，推动了化工产业升级。同时，河北沿海经济带积极打造创新生态系统，以吸引各类创新要素加速集聚。秦皇岛经济技术开发区通过完善政策支持体系与创新服务环境，吸引了众多高新技术企业入驻，形成了以数据驱动和智能化应用为核心的创新产业集群。这种协同创新与创新生态的优化，不仅提升了沿海经济带的创新能力，更为区域经济可持续发展奠定了坚实基础。

第五章　河北沿海经济带高质量发展的思路与路径

河北沿海经济带的发展既面临着"一带一路"建设、京津冀协同发展和雄安新区建设的重大机遇，也面临着全球政治经济发展和技术变革所带来的冲击以及全国沿海省市"百舸争流"的竞争压力。从自身来说，河北沿海经济带既拥有独特的区位和港口优势，又存在陆海经济发展不充分、"断带"等问题。在意识到自身不足的情况下，如何抓住重大机遇，将河北沿海经济带的区位优势和资源优势转化为经济优势和竞争优势，实现高质量发展需要我们深入思考。

与全国其他沿海省市相比，河北省的海岸线明显较短，而且是"断带"的。就拿附近省市的海岸线来说，山东省的海岸线长 3500 多千米，辽宁省的海岸线长 2290 千米，河北省的海岸线只有 487 千米，且被天津海岸线分割为两段。河北省的港口虽密集分布，但开港时间较短，与临近的大港天津港、青岛港腹地交叉，形成同质化竞争，且竞争能力明显不足，处于劣势地位。河北全省煤、铁、石油、盐、建材等资源丰富，因为"手里有饭碗"，所以瞄准世界市场、发展外向型经济的动力不足。较短的海岸线、行政区划割裂的海岸经济带、自足的经济，使河北省的沿海意识、开放意识不强，严重制约了河北省沿海经济发展。然而，近年来河北在发展沿海经济方面励精图治，在战略上向沿海倾斜，在产业调整和布局上向沿海落子，在港口上谋求大的发展,为全省沿海经济腾飞奠定了基础。同时,在生产要素方面,河北省沿海地区特别是曹妃甸新区、渤海新区可用于建设开发的土地资源充足,为产业布局、经济发展留出了足够空间。近年来,河北全省经济结构调整、产业转型升级面临倒逼机制,且倒逼动能不断加大,形成了开放意识,发展沿海经济正当其时。

第一节 加快沿海经济带高质量发展的基本思路

"十四五"期间,京津冀协同发展进入新阶段,机遇和挑战并存,对河北沿海经济带高质量发展提出了新要求。河北应坚持重点突破、做到精准发力,利用以开放统筹陆海联动、以创新引领转型升级、以改革开放优势潜能的发展思路,推动港口建设开创新局面、产业发展实现新突破、改革开放取得新成果、综合实力迈上新台阶,全面提升沿海经济带高质量发展水平。

河北沿海经济带高质量发展应坚持陆海统筹,跳出沿海看沿海的思维定式,遵循绿色低碳发展原则,通过"一市突进、三港同频、四区共振、双碳驱动、多方联动"的发展路径,着力建设区域中心城市、培育高质量发展动力源,着力优化沿海空间布局、畅通高质量发展双循环,着力发挥"四区"制度优势、放大高质量发展溢出效应,着力落实国家"双碳"部署、守住高质量发展生态红线,着力推进协同发展战略、开放高质量发展对外平台,把河北沿海经济带打造成为京津冀环渤海经济圈创新发展、协调发展、开放发展、共享发展、绿色发展的新高地。

一、着力建设区域中心城市,培育高质量发展动力源

以结构调整与产业重塑为引领,实施沿海经济带高质量发展的产业升级战略,把唐山打造成世界级城市群区域中心城市,培育省域东北部增长

极，打造京津冀环渤海经济圈创新发展新高地。

二、着力优化沿海空间布局，畅通高质量发展双循环

以港口转型和港产城深度融合为抓手，规划沿海经济带高质量发展的海陆统筹双向开放战略，打造京津冀环渤海经济圈开放发展新高地。

三、着力发挥"四区"制度优势，放大高质量发展溢出效应

以产研融合与园区营造为驱动，推行沿海地区高质量发展的自主创新战略。推进产业数字化转型，加快构建现代产业体系。打造京津冀环渤海经济圈共享发展新高地。

四、着力落实国家"双碳"部署，守住高质量发展生态红线

积极应对"双碳"部署，以绿色可持续发展能力培育为核心，形成沿海地区高质量发展的生态文明战略。打造京津冀环渤海经济圈绿色发展新高地。

五、着力推进协同发展战略，开放高质量发展对外平台

推进省部协同、省市联手、多省携手共建，加强与京津区域合作，以海陆通道与机制创新为引擎，设计沿海地区高质量发展的开发开放战略，推动产业链、创新链、人才链和政策链融合发展。打造京津冀环渤海经济圈协同发展新高地。

第二节 河北沿海经济带高质量发展的具体路径

根据京津冀协同发展建设世界级城市群对河北城市发展的定位，进一步优化河北沿海经济带的空间布局和产业结构，强势打造以唐山为区域中心城市，秦皇岛、沧州为重要节点城市的世界级城市群中的冀东北都市圈。创新发展，实施沿海经济带高质量发展的产业升级战略，培育省域东北部增长极和高质量发展动力源。

一、聚焦空间布局，将唐山建成冀东北都市圈中心城市

支持唐山建设东北亚地区经济合作窗口城市、环渤海地区新型工业化基地、首都经济圈重要支点城市，将唐山建成冀东北都市圈中心城市（见图 5-1）。

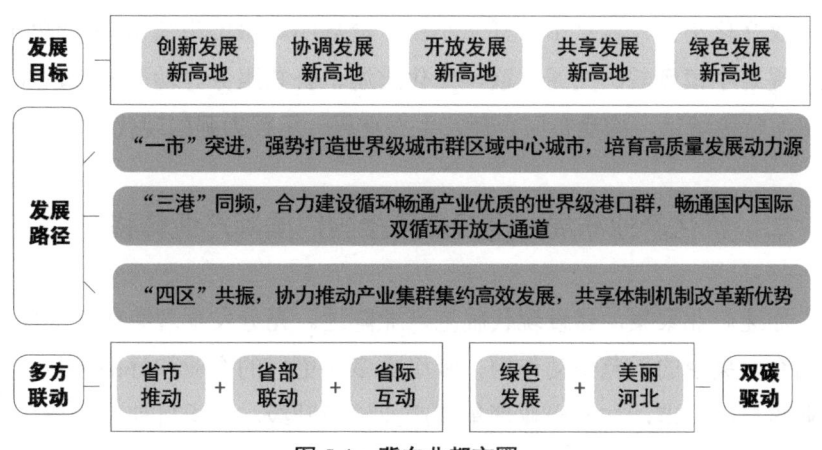

图 5-1 冀东北都市圈

1. 优化"一港双城"战略布局，进一步拓展唐山城市区域

针对唐山市的客观情况，因地制宜设定"一港双城"港产城融合发展战略。"一港"指唐山港，具体包含3个港区，分别为曹妃甸港区、京唐港区和丰南港区；"双城"指唐山市主城区和曹妃甸滨海新城。同时，支持迁安、丰润、遵化、滦州打造唐山城市副中心，构建50千米范围内冀东北都

市圈的第一圈层——核心圈。

2. 建设高效衔接交通网

构建通往东北、西北、华北等地区的高速通道，提升沿海区域路网质量，构建50—100千米的第二圈层——功能圈。

3. 形成秦、唐、沧三地联动、互相支撑、各具特色的发展局面

通过海、陆、空联通秦皇岛、沧州，形成秦、唐、沧三地联动、互相支撑、各具特色的发展局面，构建第三圈层——协作圈。秦皇岛坚持以城定港、港城融合，建成国际旅游港和综合贸易港，打造特色现代产业集群；沧州坚持以港带城，打造中国北方对接"一带一路"建设的重要枢纽、雄安新区及晋陕蒙等内陆地区便捷出海口。

4. 重点打造10个特色小镇，形成城乡联系纽带

统筹沿海一线新型城镇化建设，促进中小城镇提升和乡村振兴。打造昌黎干红小镇、北戴河新区康养小镇、抚宁区天马生态农业小镇、曹妃甸匠谷小镇、玉田县灵芝小镇、迁西县花香果小镇、肃宁县华斯裘皮小镇、献县汉文化小镇、青县中古红木小镇、沧县明珠服饰小镇10个特色小镇。优化提升小镇风貌、交通互联、文化旅游、公共服务等功能要素，加快建设滨海特色城镇，构建布局合理、生态宜居、承载力强的现代城镇体系。

二、优化产业布局，高起点承接国内国际产业转移

加速产业聚集，建设现代临港产业阵地。充分发挥现有明星品牌及大型国企、央企的示范带动作用，吸引更多、更好的企业和好的项目、好的产业落户唐山市，加速产业聚集和产业转型升级。对于目前发展势头良好的精品钢铁、港口物流、跨境电商等临港产业，从政策、资金、人才等方面多角度、全方位地助力其产业聚集。

三、构建创新平台，深耕产业培育高质量发展动力源

1. 加快提升科技创新能力，构建区域合作创新体系

主动加大与雄安新区的合作力度，借势雄安新区"全球创新策源地"的资源，谋划河北沿海经济带产业发展科技创新"飞地"平台，为沿海经济带做大做强优势产业集群提供持续不断的科技创新支撑；大力培育高水平创新主体，促进产学研用协同创新，增强自主创新能力，形成以企业为主体、以市场为导向、产学研用深度融合的技术创新体系；积极引入国内外科技成果，有效承接产业转移，拓展合作深度广度，从交换式合作向交融式合作转变、从被动式合作向主动式合作转变、从依靠单一力量推动合作向动员各种力量推动合作转变，推进环首都、环渤海和东北亚合作向深度广度拓展。

2. 加大人才聚集政策激励力度，建设河北人才聚集高地

河北省要积极落实《京津冀人才一体化发展规划（2017—2030年）》，以唐山市入选国家产教融合建设试点城市为契机，借助高技能人才联合体工程、沿海临港产业人才集聚工程、临空经济产业人才集聚工程、京津冀人才互联工程、京津冀人才服务定制工程等推进京津冀人才一体化发展重点工程，牵头成立京津冀沿海经济带临港产业高素质技术技能人才培养联盟，采用政府主导、校企合作的方式，通过现代学徒制、订单班等模式培养沿海经济发展急需人才。制定吸引京津冀高校毕业生落户沿海地区的住房政策、创新创业扶助政策等，积极落实人才生活补贴、强化人才激励机制、优化金融服务和提供项目孵化支持等。加大信息化建设，搭建辐射沿海地区发展的人才服务平台，让河北省沿海地区成为人才集聚的高地，为区域经济发展提供智力引擎。

四、省部协同联动，打造海洋经济发展示范区

2018年12月，国家发展和改革委员会、自然资源部联合印发了《关于建设海洋经济发展示范区的通知》，支持山东威海、山东日照、江苏连云

港、江苏盐城、浙江宁波、浙江温州、福建福州、福建厦门、广东深圳、广西北海10个设立在市的和天津临港、上海崇明、广东湛江、海南陵水4个设立在园区的海洋经济发展示范区建设。这一通知涉及9个沿海省市，除港澳台外，全国沿海省市中只有河北和辽宁没有被纳入国家支持的海洋经济发展示范区建设行列。河北沿海经济带高质量发展必须深耕海洋经济，河北省相关部门需要积极对接相关部委，争取更多的国家政策支持，以推动河北省海洋产业提档升级，打造"河北海洋产业样板"。

1. 支持秦皇岛市建设海洋经济发展示范区

充分利用秦皇岛旅游基因、生态环境和高校聚集优势，建设国际邮轮港，建设海洋大学，擦亮"文明城市、森林城市、卫生城市"3张城市名片，打造海陆统筹生态文明示范区。

2. 支持唐山曹妃甸片区建设海洋经济发展示范区

充分利用河北自贸区唐山曹妃甸片区这张改革牌，创新沿海自由贸易区管理模式，建立沿海自由贸易区外商投资准入负面清单的动态调整机制，吸纳电子信息、海洋生物和海洋工程等先进技术，大力发展"智慧海洋"、可再生能源、生物医药和装备制造等海洋战略性新兴产业，打造海洋产业综合改革示范区。

3. 支持沧州建设"海上粮仓"

用数字经济助力海洋传统产业转型升级，从"增产导向"向"提质导向"和"可持续发展导向"转型，大力推广节本增效的现代养殖技术，如以浅海滩涂和沿海盐碱涝洼地为依托，积极发展规模化和标准化水产品养殖基地，延伸发展保健品和冷鲜食品等水产品精深加工业，支持功能多元的高标准"海洋牧场"建设。

4. 支持秦、唐、沧三市发挥文化优势

支持秦、唐、沧三市发挥文化优势，建设长城国家文化公园、大运河国家文化公园，挖掘海洋渔业文化，打造滨海特色小镇，擦亮"长城文化节、湿地观鸟节、网红看日出打卡地"等旅游名片，推动滨海旅游、休闲体育、邮轮、乡村旅游、海洋科普教育等产业深度融合，建设"长城文化+海洋运河文化+乡村振兴"的"红蓝绿"三色沿海文化旅游带，做强河北沿海文化旅游产业集群，构建山海互动、河海互动的河北海洋旅游发展大格局。

五、省际合作互动，践行"跳出带状链湾区"

除了"站在海上看陆上"海陆联动外，河北沿海经济带高质量发展还应"跳出带状链湾区"，推动省际合作互动。第一，通过铁路、公路、机场建设，加快河北沿海经济带融入以北京、天津为核心的京津冀城市圈，做强冀东北都市圈，连通辽冀津鲁沿海大走廊；第二，通过港口转型升级、资源整合发展，加强河北沿海经济带三大港口与天津港的分工协作，做大京津冀沿海港口群，畅通三北海上运输大通道；第三，通过产业布局调整和产业结构优化，加强河北沿海经济带五大产业集群与环渤海经济圈相关产业的合作，做优河北沿海产业带，打造中国北方先进制造业带和"放心菜篮子"生产基地。

第六章　河北沿海经济带港口高质量发展的思路与路径

第一节　河北沿海经济带港口发展概况

　　河北沿海经济带港口主要包括秦皇岛港、唐山港京唐港区、唐山港曹妃甸港区和黄骅港。2022年10月30日，河北省委、省政府作出重大决策部署，实施省内港口资源整合，重组成立了河北港口集团，承担全省港口投资运营主体职能。港口主营业务主要布局在秦皇岛港、京唐港、曹妃甸港和黄骅综合港区。这对于重塑河北港口发展新优势，打造河北沿海经济高质量发展新引擎，开启河北向海发展向海图强新篇章，具有重大意义。2023年5月，河北省委常委会作出进一步部署，要聚焦"建设陆海联动、产城融合的临港产业强省"的目标，持续推进港口转型升级和资源整合，优化黄骅港、秦皇岛港、唐山港功能布局，打造全国对外开放高地。河北港口物流业正在转型中不断探索前行。2023年，河北港口集团完成货物吞吐量7.95亿吨，同比增长8.5%，货物吞吐量在全国沿海主要港口集团中排名第3位；实现利润总额42.1亿元，同比增长20.36%；完成集装箱计费箱量292万标箱，同比增长82%。

第六章 河北沿海经济带港口高质量发展的思路与路径

一、河北沿海港口发展现状分析

1. 秦皇岛港

秦皇岛地处东北、华北两大经济区域接合部，是关内外各种运输方式汇集的交通枢纽和咽喉地带，地理位置特殊，具有辐射东北、华北、西北的区位优势。秦皇岛港是我国沿海主要港口之一，改革开放以来，逐步成为我国能源运输的重要通道和港口，港口吞吐量稳步增长，枢纽作用不断增强，对促进地方经济发展起到了重要作用。

（1）秦皇岛港是颇具规模的干散货大港

秦皇岛港是全球最大的大宗干散货公众码头，拥有煤炭、杂货矿石、油品、集装箱等现代化专业泊位，已形成包括货物装卸、堆存、仓储、运输等基础服务以及货运代理、多式联运在内的港口物流链。截至2020年底，全港占用自然岸线约15.9千米，共形成码头岸线15.6千米，港口陆域面积为13.7平方千米。全港共有生产性泊位73个，综合通过能力为2.45亿吨。其中，万吨级以上深水泊位44个，通过能力为2.28亿吨。秦皇岛港共有8条主要航道，生产用库场面积为402.5万平方米，总容量为1248.2万吨。秦皇岛港内陆集疏运方式以铁路为主，其次是公路，管道集疏运能力和集疏运量比例较小，铁路集疏运能力相当于港口码头设计能力的90%以上。2024年完成货物吞吐量41412万吨，同比增长5.66%，超历史最高纪录2217万吨，取得了开埠以来最好业绩；非煤货类吞吐量累计同比增加2678万吨，增长17%；煤炭市场份额突破近三年新高。

（2）秦皇岛港是我国能源运输系统中重要的水运支点

秦皇岛港是我国能源运输系统中重要的水运支点。2020年我国"西煤东运、北煤南运"北路通道秦皇岛、唐山、天津、黄骅等4个港口煤炭下水量为6.94亿吨，其中秦皇岛港依托"三西"煤炭基地北路外运通道，大秦、京哈、津山等铁路直接到港。特殊的地理位置和发达的铁路运煤通道，使秦皇岛港成为我国煤炭运输系统中的重要节点和沿海最重要的煤炭下水港，担负着我国南方"八省一市"的煤炭供应。作为我国"北煤南运"的主要枢纽港，秦皇岛港发挥着国家"煤炭价格稳定器"和"北煤南运蓄水池"作用,是国民经济的"晴雨表"。

(3)秦皇岛港是地方经济和产业发展的重要依托

依托港口资源优势,秦皇岛市被列为全国最早开放的14个沿海城市之一,同时,地方经济发展也促进了港口服务范围的拓展,秦皇岛港由单一能源输出港拓展为装卸运输矿石、集装箱、粮食、化肥、建材等的综合性国际贸易口岸。2020年,散杂货吞吐量达到2600万吨,40%以上直接服务于当地经济发展。秦皇岛市政府与河北港口集团密切配合,加快推进国际旅游港建设和港产城融合发展。西港片区大力发展国际邮轮、游艇、帆船以及跨境电商、医疗康养等产业,打造旅游休闲消费地和港产城融合示范区,西港国际航海中心上榜"河北体育服务业十大品牌"。

2. 唐山港

(1)京唐港区

货物吞吐比例进一步优化,港口物流呈现出大进局面。集装箱等高附加值货物运输增量明显,对腹地经济的贡献率日益提高。

唐山地区港口建设始于20世纪80年代,1993年唐山市与北京市开始联合建设京唐港。京唐港区是津冀港口群中距渤海湾出口最近之点,东距秦皇岛港64海里,西距天津港70海里、距唐山港曹妃甸港区33海里。京唐港区位于唐山市东南80千米处的唐山海港经济开发区境内,宜建港海岸线长达6千米。此处建港条件优越,水深岸陡,不淤不冻,背依港口有大面积国有盐碱滩涂未利用地,不占农田,无须拆迁,适合大规模发展临港产业。京唐港外贸货种齐全,呈综合发展态势,彰显出京唐港区综合性、国际化特色。

2018年,京唐港区吞吐量突破3亿吨,同比增长3.4%;集装箱运量达到233万标箱,占河北港口总量的54.7%,同比增长16.3%,已跻身全国集装箱港口20强、世界百强。京唐港区以唐山获批国家跨境电商综合试验区为契机,与港口、外贸企业开展合作,跨境电商业务正式运营。成功获批郑州商品交易所指定的甲醇交割仓库,是北方沿海港口唯一一家,已具备甲醇、铁矿石、焦煤、动力煤、焦炭5个货种的期货交割资质,成为国内交割品种最齐全的港口。2019年11月25日,河北省唐山港引进的以5G

技术为支撑的无人驾驶集装箱卡车在京唐港区集装箱码头完成港内运行测试工作,进入试运行阶段。2023年,京唐港区货物吞吐量突破3亿吨关口,同比增长11.9%,创建港以来历史新高。

(2)曹妃甸港区

唐山港曹妃甸港区位于唐山市南部,毗邻京津冀城市群。曹妃甸岛距大陆岸线约20千米,是一个开发条件极好的沙岛。其向南延伸500米,水深达25米,深槽水深达36米,是渤海最深点。由曹妃甸向渤海海峡延伸,有一条水深达27米的天然水道,直通向黄海。水道与深槽的天然结合,构成了曹妃甸建设大型深水港口得天独厚的优势。这里不冻不淤,是渤海唯一不需开挖航道和港池即可建设30万吨级泊位的天然港址。后方滩涂广阔,规划通过吹填造地,到2030年形成陆域面积310平方千米。集疏运方面,连通大秦线的迁曹复线电气化铁路已经通车。已建成的唐曹高速公路串联起曹妃甸新区、南堡开发区、唐山市区,并与唐承高速相通。作为唐山港的新兴港区和未来发展的主力,曹妃甸港区在口岸环境建设方面也发展迅速。2023年,曹妃甸港区完成货物吞吐量53507万吨,同比增长8.24%,其中外贸吞吐量20282万吨,同比增长22.38%。

3.黄骅港

沧州黄骅港位于渤海湾穹顶处,地处河北省与山东省交界的沧州渤海新区,在沧州市区以东约90千米的渤海之滨,距北京220千米,距雄安新区150千米,紧邻天津。沧州黄骅港始建于1984年,1986年建成2个1千吨级煤炭码头,成为河北省第一个地方商港。1997年,煤炭港区开工建设,沧州黄骅港成为国家西煤东运第二大通道的桥头堡。2001年建成1条5万吨级航道、17个5万吨级煤炭码头、2个1.5万吨级散货码头和1个5万吨级液化码头,成为国家战略性能源大港。2011年3月30日,综合港区二期工程开工,正式开启沧州黄骅港高质量发展新阶段。

目前,沧州黄骅港共分为4个港区:从北到南分别为综合港区、散货港区、煤炭港区、河口港区。沧州黄骅港规划岸线长度71千米,目前已经建成生产性泊位46个,其中集装箱、煤炭、矿石、散杂货、原油、液化等万吨级以上泊位41个,建成1条20万吨级单向航道和1条5万吨级双向航道。同时，开通 34 条内外贸航线，同全球 39 个国家和地区以及国内共 200 余个港口有通航往来。

2021 年 2 月，在中共中央、国务院印发的《国家综合立体交通网规划纲要》中，沧州黄骅港被列为全国沿海 27 个主要港口之一。沧州黄骅港是被河北省委、省政府定位为河北"一带一路"重要枢纽和雄安新区便捷出海口的港口。沧州黄骅港的生态绿色港口建设走在了全国前列。2023 年，沧州黄骅港累计完成货物吞吐量 3.308 亿吨，同比增长 4.99%，其中煤炭完成 2.204 亿吨，同比增长 1.54%，煤炭下水量居全国第一，货物吞吐量实现连续 4 年突破 3 亿吨。

二、河北沿海港口发展存在的问题

一是现代临港经济产业体系有待完善。目前，河北省海洋渔业、海上交通运输业、滨海旅游业等传统海洋产业占比较大，海洋装备制造、海洋生物医药、海洋新材料、海洋新能源等海洋新兴产业发展较慢、规模较小。全省海洋产业集聚力不强，现有企业布局分散，3 个沿海地市企业间关系松散，承担国家海洋经济示范项目能力较弱，尚未形成本地闭环式的产业链条。现有临港产业科技创新投入不足、平台较少，主要海洋产业市场竞争力偏弱，海洋新经济、新业态、新模式缺乏。与邻近的天津、辽宁等环渤海省市相比，河北省港口规模、财政资金、优惠政策等吸引力不强，在吸引能够带动行业发展的高层次人才方面仍存在一定困难，海洋科研成果转化能力有待提高。随着国际经济形势日益复杂，部分涉海企业应对海外市场变动、大宗商品价格上涨等能力较弱，受到冲击较大。

二是港口综合竞争能力有待加强。现代港口的功能主要体现为以港口的运输和中转功能为依托，建立强大的现代物流系统，继而带动整个临港产业带的发展。港口物流业是连接港口和临港产业的重要纽带，对港口优势的发挥及临港产业的发展影响巨大。而目前河北省沿海港口的功能较为单调，运输功能相对较强，港口工业、商贸和物流功能偏弱。河北省港口基本属于单功能港口，这是与其他以集装箱为中心货种的综合型港口的重要区别。且河北省港口运输的主要产品以下水煤炭等初级产品为主，例如，秦皇岛、唐山、沧州等沿海区域能够获得各种矿石，因此其临港产业大多以黑色金属冶炼和压延加工业、采矿业、煤炭运输业、化工业等为主，形成以资源驱动产业发展进而引发区域间同质化竞争的现象。以秦皇岛港为例，2022年煤炭吞吐量占全港吞吐量88%，其他货类发展缓慢，综合运输发展相对滞后，对地方经济发展未能起到强劲的促进和带动作用。国内区域资源、人才、港口等领域竞争日益激烈，全省沿海港口与城市和产业空间未能形成良性互动，港口自身发展空间有限，未来发展面临较大压力。

三是港口集疏运结构亟待完善。河北港口布局不够合理。秦皇岛港受后方城区布局影响，发展受限，其西港区内煤炭与杂货黑白混杂，转型压力较大；唐山港京唐港区煤炭、矿石、钢铁等货物装卸区域狭窄，作业存在交叉干扰；黄骅港在煤炭区建有杂货和化工泊位，影响港口专业化布局。作为以煤炭、铁矿石和石油等大宗散货运输为主的河北省港口，进出港航道的标准也必须跟随船舶大型化的趋势而提高。

第二节　河北沿海经济带港口高质量发展面临的新要求

2019年11月，交通运输部、发展改革委、财政部、自然资源部、生态环境部、应急部、海关总署、市场监管总局、国家铁路集团联合印发了《关于建设世界一流港口的指导意见》，提出"深入贯彻新发展理念，以高质量发展为主题，以供给侧结构性改革为主线，以交通强国建设为统领"，"强化港口的综合枢纽作用，整体提升港口高质量发展水平，以枢纽港为重点，建设安全便捷、智慧绿色、经济高效、支撑有力、世界先进的世界一流港口，更好服务人民群众、服务国家重大战略，为社会主义现代化强国建设提供重要支撑，谱写交通强国建设港口篇章"。

2022年10月30日，在河北省委、省政府推动下，河北港口集团有限公司（简称河北港口集团）重组成立，以崭新的面貌开启了河北省港口发展新篇章。重组后，河北港口集团旗下秦皇岛港、京唐港区、曹妃甸港区和黄骅港握指成拳，承担起服务国家重大战略、保障能源原材料运输安全的重任，着力释放港口"统一规划、统一投资建设、统一运营"优势。目前，河北港口集团确立了打造多功能、综合性、现代化世界一流港口集团的战略目标。港口整合解决了以往港口岸线资源分属不同主体的弊端，使得河北港口行业地位和影响力跃上新台阶。

当前，河北省综合交通运输体系建设进入新的发展阶段，港口迎来新的发展机遇，也面临新的发展要求，主要体现在5个方面：

一是交通强国、"一带一路"建设、京津冀协同发展等重大发展战略的深入实施，要求全省沿海港口做好衔接工作，制定并实施服务"双向开放"的战略；

二是河北港口必须贯彻绿色发展理念，实现持续健康发展，从满足港口长远和可持续发展的需要出发，加强现有港口资源的集约化利用、规模化布局和绿色化发展；

三是我国经济已由高速增长阶段转向高质量发展阶段，要求河北省内河港口强化服务功能、实现转型发展，以适应港口货物吞吐量增速趋缓和货种结构深刻变化的发展状况；

四是全省水运和综合交通的发展，要求加快推进港口和沿海交通现代化、环京津交通一体化，创新"港口＋内陆港"多式联运体系，建设更高水平的现代化环渤海港口群；

五是在全面建设社会主义现代化国家开局起步的关键时期，要求河北港口调整布局，推进港口资源整合，强化改革思维、开放理念、向海图强意识，突出陆海统筹，增强港口辐射带动能力，促进沿海港口与沿岸城镇的协调发展，加快打造特大型、综合性、现代化世界一流港口。

第三节　河北沿海经济带港口发展的目标定位与战略思路

一、总体目标

"十三五"期间，河北沿海经济带发展总体目标是基本实现环渤海地区新兴增长区域、京津城市功能拓展和产业承接区、新型工业化基地、开放合作新高地、沿海生态良好宜居区五大战略定位。通过加快产业发展、基础设施建设等，提升沿海地区经济实力，使其成为环渤海地区经济发展的新引擎和重要增长极，推动区域协调发展。凭借沿海地区独特的区位优势，积极承接北京、天津的产业转移和城市功能外溢，加强与京津在产业、交通、科技等方面的对接合作，促进京津冀协同发展。优化提升传统产业，如钢铁、化工等，推动其向高端化、智能化、绿色化发展；大力发展战略性新兴产业，如电子信息、新能源、新材料等，构建现代产业体系，成为全国重要的工业生产和研发基地。加强与国内外其他地区的经济合作与交流，提高对外开放水平。利用沿海港口优势，发展外向型经济，积极参与"一带一路"建设，加强与东北亚、欧美等地区的贸易往来和投资合作，打造开放合作的前沿阵地。在经济发展的同时，注重生态环境保护，加强海洋生态修复、环境污染治理等工作，建设沿海生态绿廊和城乡绿化网格，提高森林覆盖率和林木绿化率，打造山清水秀、生态宜人的居住环境，实现经济发展与生态保护的良性互动。

二、发展要求

随着交通强国、海洋强国建设稳步推进，"一带一路"倡议持续深入，京津冀协同发展不断取得新突破，以及国家对沿海经济带高质量发展支持力度的持续加大，河北省港口迎来了前所未有的历史性发展契机。随着河北港口建设工作的不断推进，以及综合运输通道的逐步完善，港口服务范围将不断扩大,货物吞吐量将保持稳步增长,同时,外向型经济的发展将推动外贸进出口量快速增长;随着工业化发展和产业结构的优化升级,以及能源结构步入战略性调整期,第三产业比重将持续增加,工业产成品将向深加工、高技术、高附加值方向发展,未来集装箱吞吐量将快速增长,煤炭、铁矿石和钢铁等大宗货物吞吐量基本保持稳定。未来河北省沿海港口发展将重点落实两大要求:一是更好服务国家战略、服务区域经济发展需要,为强国建设、对外开放、区域协同发展等国家重大战略实施做好基础支撑,积极发挥能源枢纽港作用,进一步保障能源、原材料的运输安全;加快从目的港向枢纽港转变,促进供应链、产业链和价值链有机融合,大力发展枢纽经济。二是聚焦高质量发展,更好服务人民群众,推进港口建设由速度规模向质量效益转变,在保障服务能力的同时提质增效,持续推进港口转型升级,推进智慧、平安、绿色港口建设,打造人民满意、支撑有力、世界领先的一流港口。为此,河北省沿海港口未来发展总体应凸显五大特征:一是更加开放。扩大对外开放,提升港口网络全球化、服务国际化水平,增强港口国际影响力。二是更加协同。注重协同融合和共生共荣,推进港口协同发展、港城共荣发展、港产融合发展。三是更加智能。广泛运用新一轮信息化和移动互联网技术,实现基础设施、管理、服务智能化。四是更加高效。坚持质量第一、效益优先,促进降本增效,提升港口服务效率,增强综合竞争力。五是更可持续。追求本质安全和绿色发展,坚持人与自然和谐共生。

三、战略思路

拓展港口功能,加速推动港口转型升级。借鉴上海组合港管理委员会的经验,组建适合河北省的环渤海区域港口组织,统筹港口群经济区内的各项规划建设发展问题,完善大港口、大口岸管理体制,做到"统一规划、统一品牌"。

（一）完善沿海港口布局

按照"一带一路"建设、京津冀协同发展、雄安新区建设等国家决策部署，着眼河北省港口功能定位，进一步优化调整河北省沿海港口功能布局。依据河北省港口各自优势及腹地状况，整合资源，错位发展。以港口为牵引，增强港口对城市的辐射带动能力，促进沿海中心城市提质发展，围绕建设世界级城市群和环渤海港口群，加快推进秦唐沧城市建设上水平，突出城市品质提升和城市功能完善。

（二）完善港口集疏运体系

着力完善陆海双向物流通道，加快港区的铁路建设和改造提升，畅通港区对外骨干路网和腹地通道的衔接，构建完善的环渤海综合运输通道、雄安新区出海通道。积极发展多式联运，构建高效畅通、衔接有序、布局合理、绿色安全的港口集疏运体系。

（三）推进信息化共享平台的建设

充分运用物联网、大数据、区块链等新一代信息技术，搭建信息共享平台，率先实现省内各港口平台数据互通、资源共享，再逐步对接天津、辽宁、山东等地的港口平台，大范围整合相关企业以及政府管理部门信息，实现线上物流资源匹配、线上交易、金融服务、数据服务等商务服务以及报关报检、清关等政务服务，推动港口智能调度系统和智能交管系统融合，用智能手段掌控码头生产进度并合理调度，提高河北省港口效率和形象。

（四）改革新港口绩效评价标准

探索改革港口绩效的评价方式，建立涵盖经济效益、区域贡献、投入产出比、进出港货值等多维度的评价体系，全面评估港口直接及间接经济活动，监测其变化趋势，为综合性贸易大港建设提供资讯数据和方向导引。加快完善绿色港口相关法规、政策、标准，使各项绿色港口政策措施落地生效，推动港口生态环保管理体制机制全面完善，促进生态港口信息平台和大气、水等污染物实时监测设施及监管能力提升。

（五）加快推进津冀港口协同发展

一是着眼津冀港口资源共享，进一步强化沟通协调机制，加快推进津冀锚地和引航资源的共享共用，推动优势政策在津冀港口的延伸和共享。二是着眼津冀港口运营主体，进一步推动港口资源整合，大力实现港口资源优化配置，提升区域内港口群的规模竞争力和核心竞争力。三是着眼津冀港口企业合作，进一步统筹集装箱箱源和航线资源的共享，建立利益共享机制和港口联盟，寻找新的协同点和经济增长点，延伸服务链条，拓宽发展空间，合力打造服务好而优的环渤海世界级港口群。

第四节　河北沿海经济带港口发展的政策建议

一、拓展功能，推进港口转型升级

港口作为河北沿海经济带发展的核心引擎，需从单一运输节点向综合服务枢纽转型，通过功能拓展与模式创新，为沿海经济带高质量发展注入新动能。一是智慧化、绿色化双轮驱动。通过推广人工智能、物联网、数字孪生等技术，打造全流程智能作业系统，加速建设智慧港口，深化绿色低碳转型。二是优化港口群功能分工。唐山港聚焦能源枢纽功能，秦皇岛港打造特色中转节点，黄骅港强化多式联运能力，破解同质化竞争。三是完善跨区域集疏运体系。提升铁路与管廊运输占比至60%以上，重点增强唐包铁路对晋陕蒙腹地的经济辐射效能。四是创新"港口＋供应链"模式，整合大宗商品交易、金融衍生服务及物流资源，推动皮带廊道直连钢厂、水水中转等场景落地，形成"加工—运输—仓储—贸易"一体化服务生态，为区域高质量发展注入新动能。

二、科学定位，推动港口错位发展

从临港产业规划入手，在沿海三市制定临港产业规划时应进行充分的统筹协商，以实现临港产业规划对接、区域间错位发展，避免港口在转型升级的过程中出现同质化竞争现象。以秦皇岛港为例，在总体的空间格局上对港口进行整体规划定位，形成以东港区、西港区和山海关港区等三大港区为主体，其他港点为辅的总体空间格局。比如，西港区建设国际旅游港、国际邮轮港；东港区建设现代化综合贸易港，以集装箱、杂散货和液化天然气等清洁能源运输为主，着力打造国家能源基地、重型装备及粮油出海口，支撑腹地及后方临港产业发展；山海关港区充分发挥综合保税区优势，与秦皇岛港协调发展集装箱业务，提升秦皇岛临港产业整体竞争力。

三、创新引领，实现港口智能化发展

信息技术的应用是建设现代化一流港口的重要基础，大数据、云计算、物联网等新技术或新设施的应用，使获取港口工作区域内的信息变得快速便捷，可以实现对港口工作人员、设备与车辆等的实时管理。在港口信息化建设方面，河北沿海经济带港口应充分借鉴鹿特丹港等港口信息化经验，在引进条形码技术、自动识别技术、全球卫星定位技术、EDI 技术等的同时，结合港口自身特色，在物流与管理上形成仓储、运输、装卸、加工、销售的环节链，提升港口对货源的吸附与分散能力。学习上海港、宁波—舟山港、青岛港等建立 5G 基站和 5G 网络港区内全覆盖作业的做法。在智能化、数字化平台中，实现远程塔吊操作、车辆自动驾驶、轨道远程控制，以降低人力成本以及劳动强度。在物流体系建设中，应构建以港口为核心的集陆路和航空为两翼的、互相衔接匹配的现代商贸物流交通体系，同时整合港口上下游资源，延伸内陆港、集疏运通道等关键物流节点和环节，融合信息技术和金融服务，衍生更多商业模式和物流业态。整合临港产业区域的科技创新资源，实现创新资源互补，促进科技成果与临港产业结合转化，发挥区域协同创新优势，带动临港产业转型升级。设立科技创新智库，构筑京津冀科技联盟，构建临港产业对接平台。建立完善科技成果转化信息平台，整合临港企业的"技术需求"和高校、科研院所的"智力供给"资源，形成具有一定规模化的"项目包"，帮助校企双方拓宽沟通交流的合作渠道。

四、生态优先，谋求港口绿色发展

沿海港口是运输网络的重要节点，亦是资源密集的产业之一，其发展自然会对环境产生较大影响。全球的能源危机和环境污染日益严重，世界各国都在探索绿色港口的建设路径，河北沿海经济带港口应在生态优先、低碳发展的理念下，优先实施工艺、设施设备节能改造，推广应用绿色照明、皮带机逆向启动、能量回馈及变频等新技术、新工艺，推广应用清洁能源，构建清洁低碳的港口船舶能源体系。应大力推广黄骅港生态港区和唐山港绿色港口建设经验，推动各港口由防尘向本质抑尘转变。河北沿海经济带港口可以通过研究出台港口岸电扶持政策，鼓励现有船舶加快受电设施改造，提升岸电使用率；大力实现港口非道路移动机械、港内车辆、拖轮等采用清洁能源，提升风能、太阳能、液化天然气等新能源、清洁能源应用水平，落实船舶排放控制区要求，有效降低港口、船舶排放；强化资源集约循环利用，科学规划港区水陆域布局，集约利用土地、海域、岸线等资源；完善船舶污染物"船—港—城"的收集—接受—处置的衔接和协作，升级港口排水系统和污水处理系统，实现生产生活污水、雨污水达标处理和循环利用。

五、陆海统筹，加强港产城融合发展

河北沿海经济带港口应挖掘交通物流网络及"一带一路"沿线资源。沿集疏运通道设立内陆港，增加可获得的资源禀赋，充分挖掘"三北"的自然资源。例如：借助金海粮油搬迁契机，与中粮、中储粮等企业洽谈，建设秦皇岛千亿级粮食加工和"北粮南运"中转基地；面向俄罗斯远东等国家和地区，开展粮食精深加工、贸易、物流等业务，支撑秦皇岛综合贸易港建设。以"一带一路"沿线已建成的82个境外合作园区为基础，建设国际临港产业集群和国际陆港产业集群，利用沿线的资源来打造河北省临港产业，打造资源导向型的临港产业集群。引进相关龙头企业，对沿海地区优质农产品等资源进行深加工，打造自有品牌，增加产品的附加值，延伸产业链，促进港产城融合发展。推动钢铁、石化、重型装备等产业沿海临港布局，打造三个基地和一个高地。三个基地：一是打造世界一流精品钢铁基地，以建成世界领先的精品钢铁基地和万亿级钢铁产业集群为目标，提升研发创新能力，发展高度聚集、上下游紧密协调、供应链集约高效的产业创新集群。二是以曹妃甸和渤海新区为重点区域，打造全国先进绿色石化基地，加快构建以原油加工为源头、烯烃芳烃为下游、精细化工为延伸的"油头化尾"产业链条，加快推进石化产业由原料型向材料型转变。三是围绕"高端化、智能化、服务化"的发展方向，打造全国先进装备制造基地。一个高地是指打造战略性新兴产业发展高地，即聚焦生物医药、新材料、节能环保、新能源与能源装备等产业，打造战略性新兴产业局部强势，争创国家级特色原料药基地，打造全国知名新型功能材料基地、全国重要海上风电产业装备制造基地。

第七章　河北沿海经济带产业高质量发展的思路与路径

京津冀协同发展是习近平总书记亲自谋划、亲自部署、亲自推动的区域重大战略，是党的十八大以来的第一个重大区域发展战略。京津冀城市群逐渐成为中国参与世界城市群竞争的主战场和带动全国经济发展的重要增长极。河北"三件大事"向全面纵深拓展，支撑带动作用日益凸显。北京大兴国际机场临空经济区、自贸区四大片区建设扎实推进，一大批重大工程项目、重大创新平台落地开花，进一步推动京津冀城市群分工和产业重构，带动各节点城市特色发展、协同发展、高质量发展。

第一节　河北沿海经济带产业概况

"十三五"以来，河北省沿海地区深入推进供给侧结构性改革，扎实推行"坚决去、主动调、加快转"，经济社会发展呈现提质增效趋势特征，高质量发展取得明显成效，产业经济得到了快速发展。

一、产业规模不断扩大

"十三五"以来,河北沿海经济带经济总量持续稳定增长。2016—2023 年河北省沿海地区生产总值情况如表 7-1 所示。河北沿海经济带的地区生产总值实现了大跨越,从 2016 年的 10485.21 亿元,增长到 2023 年的 15574.41 亿元,7 年增加了 5089.20 亿元,年均增长率为 4.93%。2023 年河北沿海三市共实现地区生产总值 15574.41 亿元,占全省地区生产总值的比重为 35.44%。

表 7-1　河北省沿海地区 2016—2023 年生产总值统计表

单位:亿元

年度	秦皇岛	唐山	沧州	沿海地区	河北省
2023 年	2001.01	9133.30	4440.10	15574.41	43944.10
2022 年	1909.52	8900.75	4388.20	15198.47	41988.00
2021 年	1843.76	8230.63	4163.40	14237.79	40397.10
2020 年	1685.80	7180.59	3699.90	12566.29	36013.80
2019 年	1612.02	6889.99	3588.00	12090.01	34978.60
2018 年	1635.56	6300.03	3676.40	11611.99	32494.60
2017 年	1500.34	5916.95	3816.90	11234.19	30640.80
2016 年	1349.35	5602.46	3533.40	10485.21	28474.10

数据来源:2016—2023 年河北省及各市国民经济和社会发展统计公报

二、产业结构进一步优化

产业规模是指一类产业的产出规模或经营规模,本研究用地区三大产业生产总值来衡量。2016—2023 年河北沿海经济带生产总值增加值情况如表 7-2 所示。三大产业结构由 2016 年的 9.20:5.24:40.56 发展到 2023 年的 8.27:44.86:46.87。

表 7-2　河北省沿海地区 2016—2023 年三大产业生产总值增加值统计表

单位：亿元

年度	秦皇岛			唐山			沧州			沿海地区		
	第一产业	第二产业	第三产业	第一产业	第二产业	第三产业	第一产业	第二产业	第三产业	第一产业	第二产业	第三产业
2023 年	260.0	640.4	1100.7	655.2	4660.0	3818.0	372.4	1686.9	2380.8	1287.6	6987.3	7299.5
2022 年	252.2	681.5	975.9	638.4	4927.7	3334.6	367.6	1823.5	2197.0	1258.2	7432.7	6507.5
2021 年	239.5	657.1	947.2	606.5	4534.2	3089.9	332.8	1728.4	2102.1	1178.8	6919.7	6139.2
2020 年	233.1	551.3	901.4	593.4	3829.4	2757.8	315.0	1433.8	1951.2	1141.5	5814.5	5610.4
2019 年	206.3	530.1	875.6	531.2	3601.2	2757.6	292.6	1430.3	1865.0	1030.1	5561.6	5498.2
2018 年	203.3	542.1	890.3	493.2	3319.8	2487.1	275.9	1580.0	1820.5	972.4	5441.9	5197.9
2017 年	193.0	512.7	794.6	465.7	3168.2	2283.0	307.7	1904.5	1604.7	966.4	5585.4	4682.3
2016 年	196.0	468.6	684.8	459.5	3050.6	2092.5	308.6	1748.7	1476.1	964.1	5267.9	4253.2

数据来源：2016—2023 年河北省及各市国民经济和社会发展统计公报

河北沿海三市工业生产运行平稳，工业规模不断扩大，工业发展对全省经济具有显著支撑作用。2023 年，秦皇岛市全部工业增加值为 552.21 亿元，比上年增长 5.6%；规模以上工业增加值增长 7.3%，规模以上工业企业实现利润总额 106.30 亿元，比上年增长 7.0%。唐山市全部工业增加值为 4233.4 亿元，比上年增长 6.2%；规模以上工业企业 2326 家，规模以上工业增加值增长 8.3%。沧州市全部工业增加值比上年增长 5.8%，规模以上工业增加值增长 7.8%，规模以上工业企业实现营业收入为 5837.9 亿元，同比增长 1.7%，实现利润总额 102.2 亿元。河北省沿海三市规模以上工业增加值增速（唐山 8.3%、沧州 7.8%、秦皇岛 7.3%）全面超越全省增速（6.9%），唐山以 8.3% 的增速位居全省前列，沿海经济带工业结构优化和生产效率提升。

三、主导产业初步形成

经过多年的发展，河北沿海经济带已初步形成具有地方产业特色的主导产业格局。"十三五"期间，秦皇岛、唐山、沧州三市整合提升港口资源优势，重点发展生物医药健康、高端装备制造、钢铁、石化等产业，构建沿海临港产业带。

（一）秦皇岛

秦皇岛深入推进供给侧结构性改革，坚决去、主动调、加快转，推进经济发展质量变革、效率变革、动力变革，"532"市域主导产业和六大县域特色产业体系已具雏形。农业基础地位更加稳固，粮食总产量稳定在14亿斤以上，全市特色种养业占农业总产值的比重提高到67%，农业产业化经营率达到72.55%，稳居全省首位，农副产品转换率达到47.2%，比2015年提高7.5%，全市农产品出口总量占全省30%，全省排名第一。工业经济成为稳增长压舱石，金属压延业提档升级，累计压减钢铁产能1860万吨，超额完成"十三五"化解钢铁过剩产能任务，主体设备实现大型化，产业链条实现延伸化，安丰公司、宏兴公司进入中国民营企业500强行列。玻璃行业走出困境，耀华玻璃集团完成与中国建材凯盛科技集团重组，百年企业得以延续辉煌，成为国有企业处僵治困的典范。装备制造业增加值占到规模以上工业增加值的39.6%，年均增长10.7%，高出规模以上工业年均增速3.5%，成为工业经济的主导力量。现代服务业加快发展，旅游业发展驶入快车道，实现了转型、质的变化。高水平承办第二届省旅发大会、省第二届园博会，成功举办两届市旅发大会，"秦皇山海、康养福地"旅游品牌影响力不断放大，荣登"2018旅游业最美中国榜"，旅游收入突破3200亿元。服务业新业态、新模式加速兴起，服务业对经济增长的贡献率达到65%。新兴产业加快培育，高新技术产业占全市规模以上工业增加值达到36.7%，战略性新兴产业占规模以上工业增加值达到17.2%，康养产业增加值占地区生产总值的比重达到9.2%。国家海洋经济创新发展示范城市加快建设，军民融合产业不断壮大。县域特色产业集群主营业务收入全部达到

10 亿元，2 个超百亿元。产业发展腾笼换鸟突破"瓶颈期"，减负前行驶上"快车道"。

（二）唐山

唐山提前完成"十三五"国家化解钢铁过剩产能任务，累计压减炼铁产能 2635 万吨、炼钢产能 3937.8 万吨，占全省的 48%。传统产业提档升级，新兴产业提速增量，现代服务业提效扩容，战略性新兴产业年均增长 16.8%，服务业占地区生产总值比重较 2015 年提高 3.8%。三大产业结构由 2015 年的 8.7∶56.5∶34.8 调整为 2020 年的 8.2∶53.2∶38.6。成功入选全国首批老工业城市和资源型城市产业转型升级示范区，中车唐车"复兴号"动车组被誉为"大国重器"，工业稳增长和转型升级成效受到国务院通报表彰。现代农业提质增效，蔬菜、肉类、水产品、奶类等产量均居全省第一，在全省率先建成国家级农产品质量安全市。粮食总产量达到 57.9 亿斤，粮食安全得到有效保障。深化创新驱动战略，高新技术企业总数达到 1247 家，实现跨越式发展；研究和试验发展经费投入占地区生产总值的比重为 1.85%，较 2015 年提高 0.73%；万人发明专利拥有量达到 6.07 件，较 2015 年提高 4.17 件。质量强市建设成效显著，全国驰名商标达到 50 件。

1. 精品钢铁产业

唐山市形成了主副行业门类齐全、上下游产业链完备的钢铁产业体系。截至 2022 年，有钢铁冶炼企业 27 家（其中长流程钢铁企业 24 家，含部分投产的乐亭国堂钢铁；短流程钢铁企业 3 家），分布于 11 个县区（迁安市、丰南区、曹妃甸区、乐亭县、滦州市、迁西县、遵化市、海港开发区、丰润区、玉田县、古冶区）。其中，13 家完成环保绩效创 A，总量居全省第一位，占全省（21 家）的 61.9%。代表性龙头企业有首钢迁钢、首钢京唐、河钢股份、津西钢铁、燕山钢铁、九江线材、纵横钢铁、瑞丰钢铁等。

2022 年，全市钢铁产业完成增加值 2535.8 亿元，同比增长 11.2%，占全市规模以上工业的 55.2%，占 GDP 比重的 28.5%；实现营业收入 8398.5 亿元，同比下降 8.8%，占全市规模以上工业的 56.7%；生铁产量达到 11457.3 万吨，同比增长 0.6%；粗钢产量为 12413.5 万吨，同比下降 5.3%，生铁、粗钢产量分别占全国的 13.3%、12.3%。唐山市钢铁产业规划建设了沿海、迁安、滦州、迁西（遵化）四大片区，基本形成了"临海靠港、铁路沿线"产业新布局，通过实施钢铁企业沿海搬迁及整合重组，唐山钢铁产业布局得到明显优化，其中沿海片区钢铁产能占全市产能的比重由 2018 年的 13.7% 提升到了 38.6%，产业集聚效应显著提升。

2. 绿色化工产业

唐山市化工产业规模总量大，产业关联度高，8 家入围全省公布的前五批化工园区。化工产业主要是以曹妃甸国家级石化产业基地为基础的石油化工，以南堡盐场和三友集团为代表的盐化工，为钢铁企业配套的西山、中润、中化等焦化企业以及副产品深加工的煤焦化工。全市拥有煤焦、氯碱、有机硅、粘胶短纤维等优势产品，三友集团、开滦集团、西山焦化、中润煤化工等行业领军企业快速成长。

2022 年，唐山市绿色化工产业完成增加值 328.1 亿元，同比增长 11%，占全市规模以上工业的 7.1%，占 GDP 比重的 3.7%；实现营业收入 1333.4 亿元，同比增长 17.9%，占全市规模以上工业的 9%。重点产品中，烧碱产量为 50.5 万吨，同比增长 6.9%；纯碱产量为 204.3 万吨，同比下降 6.3%；初级形态塑料产量为 38.3 万吨，同比增长 6.5%；化学纤维产量为 66.5 万吨，同比下降 4.5%；焦炭产量为 1999 万吨，同比增长 8%。

3. 新能源产业

唐山市坚持绿电生产、装备制造、运行维护、氢能系统和充电系统建设、市场推广等五大领域协同推进的总体布局，推进绿色能源生产应用及相关产业发展，提升配套服务能力，构建绿色能源体系。新能源装备制造方面，拥有唐山玉田海泰新能科技有限公司等规模以上工业企业，光伏组件产能已达到 8 GW，在国内处于领先地位。2022 年，唐山市新能源产业完成增加值 13.3 亿元，同比增长 27.4%，占全市规模以上工业的 0.3%，占 GDP 的比重为 0.1%；实现营业收入 77.3 亿元，同比增长 25.6%，占全市规模以上工业的 0.5%。

4. 服务业

唐山市全力推动生产性服务业加快发展、生活性服务业转型发展、新兴服务业创新发展，服务业规模不断壮大，结构日趋合理，发展质量和效益不断提升。重点谋划实施了首达生鲜食品冷链集配中心、中国农批·遵化副产品批发市场、遵化山里各庄乡愁记忆特色文化旅游等项目，通过实施大项目、好项目，有效带动了现代服务业快速发展。截至 2022 年底，全市共有规模以上服务业企业 920 家，实现营业收入 1021.8 亿元，比上年增长 10.4%；利润总额为 74.2 亿元，增长 0.4%。2022 年，全市服务业增加值完成 3334.6 亿元，同比增长 4.1%，总量及增速均居全省第二位；服务业增加值占 GDP 的比重为 37.5%。

（三）沧州

沧州不断深化供给侧结构性改革，坚决去、主动调、加快转，服务业增加值占比达到 52.7%，产业转型升级迈出坚实步伐。坚决打好产业基础高级化、产业链现代化攻坚战，以汽车及零部件制造、绿色化工、生物医药为代表的"6+5"市域主导产业加速形成，华北石化千万吨炼油升级改造项目顺利投产，中石化沧州炼化与中海油中捷石化合作发展化工新材料升级改造项目稳步推进，激光及智能制造产业集群、先进再制造产业集群、明珠服装商贸物流产业园区（基地）等列入省相关产业布局指导文件。深入推进"万企转型"，大力实施"双百工程"，传统产业改造提升、质量强市建设取得新进展，全市管道装备、包装机械等"18+7"特色产业集群年均完成营业收入同比增长 8%。京津冀地区唯一一家国家再制造产业示范基地落户河间，泊头获评全国唯一的"中国绿色铸造名城"，河间、泊头、盐山被评为省级工业转型升级试点示范市（县），全市省级以上新型工业化产业示范基地达到 9 个。坚持创新驱动发展，创新创业生态持续优化，全市累计新增高新技术企业 667 家、科技型中小企业 6909 家，新增省级重点实验室 10 家、产业研究院 10 家，建成省级技术创新中心 52 家，与清华大学、天津大学、南开大学等 19 所高校共建产业技术研究院，总数达 28 个。

四、特色产业快速发展

（一）秦皇岛

"十三五"以来，为全力抓好特色产业集群发展，秦皇岛市工信局建立了县域特色产业振兴工作省、市、县政府领导包联制度，坚持问题导向，动态帮扶。坚持创新引领特色产业集群发展的理念，强优势、补短板、增实力，建设特色小镇，推动特色产业向绿色化、智能化升级。先后出台关于加快科技创新的相关政策及配套实施细则，与河北科技师范学院、燕山大学等驻秦高校密切合作，将全面战略合作向纵深推进，自主创新能力不断提升。创建省级产业技术研究院2家、"星创天地"3家、市级工程技术研发中心10家；培育科技型中小企业175家、高新技术企业16家。县域特色产业集群主营业务收入全部达到10亿元，其中2个超百亿元。

昌黎县加快形成"1+2+N"产业集群，着力构建"333"现代产业体系，即加快推进金属压延、装备制造、特色种养和食品加工等传统产业改造提升；大力支持生命健康、新能源新材料、节能环保等新兴产业培育壮大；积极扶持文体旅游、创意设计、商贸物流等现代服务业培优做强，建成具有区域竞争力的现代产业体系。

卢龙县以装配式建筑、甘薯、医疗康养等特色产业集群为核心，重点打造"1+2+N"产业集群，即装配式建筑1个千亿级产业集群，甘薯、医疗康养2个百亿级产业集群，旅游、高效农业、高端制造等N个十亿级以上产业集群。培育发展"1+4+1"产业，包括智慧跨界农业、绿色建筑制造业、大健康制造业、先进装备机械制造业、高端绿色化工制造业、特色文旅产业。

青龙满族自治县重点发展钢铁、现代农业、文化旅游、新能源和新建材等五大主导产业，着力培育林果、畜牧、中药材三大主导产业和蔬菜、杂粮、桑柞蚕三大特色产业，打造板栗及特色农产品加工产业集群，致力于将绿水青山转化为金山银山。例如重点打造了板栗仁、冷冻肉鸡食品、黏豆包、安梨汁、山楂饮料、矿泉水等系列加工产品，培育了中红三融、百峰贸易、双合盛、桃花泉等重点龙头企业，全县食品加工企业达到 15 家。

（二）唐山

唐山每个县（市、区）重点发展 2 至 3 个特色产业。支持滦南钢锹、玉田智能印机和节水管材、丰南精品陶瓷、曹妃甸木材加工等产业提质升级，推动乐亭建筑支护装备、迁安生物医药、古冶固废循环利用等产业集群化、品牌化，引导遵化红木加工、银饰加工、迁西板栗深加工、丰润生姜深加工、汽车零部件加工、滦州奶业加工、海港物流贸易等产业上规模、出效益，年内销售收入超 50 亿元的特色产业集群达到 10 个。

（三）沧州

沧州围绕创新驱动、标准引领、工业设计、品牌营销、链条延伸、资本运作、园区建设、绿色转型、智能制造、高端产业、商务模式、人才引进等 12 条特色产业发展路径，按照建链、强链、延链、补链的总体工作思路，强力推进县域特色产业集群转型升级，实现高质量跨越式发展。截至 2020 年底，全市共有县域特色产业集群 45 个（不含市辖区），其中省级重点产业集群 16 个。实现营业收入超 100 亿元的产业集群 13 个，超 200 亿元的 5 个；规模以上企业 1930 家；从业人员 78 万人；完成营业收入 3978 亿元，上缴税金 163.98 亿元，总量均位列全省第一位；税金增速 24.93%，位列全省第一位。

全市 45 个县域特色产业集群发布指数 20 余条，新培育上市企业 2 家。河北安美电气设备股份有限公司等 9 家企业在石交所上市；新建 7 家产业技术研究院；培育 4 家省级平台，总数达 5 家。渤海新区绿色化工产业技术研究院、渤海新区生物医药产业技术研究院、运河区智能装备产业技术研究院、河间京津冀再制造产业技术研究院被评为省级新型研发机构；主导或参与标准制定新增 190 余个，"联盟协会"新增产业技术联盟 4 家，已成立行业协会 50 多家；"服务平台"新增省级工业设计中心 2 家、市级工业设计中心 9 家。

第二节 河北沿海经济带产业高质量发展的目标定位与对策

河北沿海经济带借鉴发达地区产业发展经验，依托资源禀赋和产业基础，全面贯彻新发展理念，把握"双碳"战略机遇，加快放大自身优势，着力破解制约因素，做强主导产业、做优新兴产业、做大特色产业，推进产业提档升级，促进县域特色产业高质量发展。

一、河北沿海经济带产业发展的总体目标

河北沿海经济带全面融入京津冀协同发展、雄安新区规划建设、共建"一带一路"等重大决策，坚持优化产业结构、完善现代产业体系、培育创新驱动能力，着力打造沿海率先发展创新示范区、国内国际双循环重要节点、全省高质量发展的新高地和发动机，努力建设京津冀产业转移升级和协同创新发展示范区。促进经济结构更加优化，创新能力明显提高，实现由要素投入型向创新驱动型转变，产业基础高级化、产业链现代化水平显著提升，实体经济和数字经济加快发展，环渤海地区新型工业化、文旅休闲、康养基地建设取得重大突破。

二、河北沿海经济带产业发展的战略路径

（一）规划立纲，锚定产业发展新坐标

产业规划是指导沿海经济带产业体系有序发展的重要依据。一是立足沿海市县实际，制定产业中长期发展规划，通过编制规划找准定位、发现问题、凝聚共识，明确产业定位和发展目标，建立"一张蓝图绘到底"的长效机制。二是以重点特色产业为依托，建设特色产业"链长制"机制，培育本地特色"产业大脑"，发挥"产业大脑"在招商引资、营商服务、要

素配置等应用场景的作用，以"产业大脑"助力产业转型升级。

（二）补链选商，推动产业集群化发展

沿海市县要梳理自己的产业优势，科学布局、分类施策、重点打造，推动特色产业集群式发展。围绕主导产业、新兴产业、特色产业，突出产业链招商，实现"以链聚商""以商招商"，变"政府单方面招商"为"政企双向互动选商"，促进产业聚集，完善产业链条，扩大集群规模，推动集群价值提升。一是定向引进具有核心地位的龙头企业，推动龙头企业及其上下游相关企业集聚发展，打造产业层次高、创新能力强、质量效益好的特色产业集群；二是推动集群企业从产品制造前展后延到研发设计、生产、销售、服务等全产业链，全面提高产业发展质量和水平，努力打造具有核心竞争力的优势特色产业集群。

（三）龙头引领，提升产业发展新能级

龙头企业是产业集群的核心，龙头企业有多强，产业集群的实力就有多强。高质量发展产业集群，要以发展龙头企业为重点。一是引导社会资源和关联企业向龙头企业聚集，提高华夏等现有龙头企业的核心竞争力。二是抓住国内产业结构调整、京津冀协同发展等战略机遇，主动对接国内外 500 强企业和知名企业等，引进一批潜力大、前景好、带动性强的企业集团，发展一批基础较好的相关配套企业。三是培育一批主营业务突出、竞争力强、有良好发展前景的"专精特新"中小企业，壮大集群规模。

（四）创新驱动，注入产业发展新动能

着力推进科技创新，塑造以新技术、新产品、新服务等为核心的新优势，推动产业升级，推进特色产业高质量发展。一是发挥政府作用，引进、培育大学创业园、产业研究院、产业创新中心、众创空间等创新载体平台建设，推动科技创新成果转移转化，建设服务特色产业转型升级的创新公地，形成"孵化园＋加速器＋产业城"的创新驱动发展格局。二是加快建设县域"新基建"，推动互联网与特色产业深度融合，建设特色产业数字化

供应链平台。加强采销存信息对接，形成生产、加工、销售、物流及其他增值服务一体化的供应链体系。打造"一二三产业融合、大中小企业融通"发展新格局，打造生产流通一体化的商务模式。以数字化转型整体驱动特色产业发展方式的转变。三是建设数字乡村，提振乡村数字产业，提升乡村发展能力，繁荣发展农村电子商务、乡村旅游等产业新兴业态。

（五）品牌提档，构建产业发展新内涵

一是加快品牌体系建设。创建品牌是高质量发展特色产业集群的重要举措。市县应把创建品牌特别是区域品牌放在重要位置，按照"人无我有、人有我优、人优我特"原则，加强特色产业品牌建设，构建产品质量溯源体系，包装品牌形象、传播品牌故事、丰富品牌内涵，创建一批立得住、记得牢、走得远的"三品一标"。二是践行"两山"理论，推动特色产业绿色发展。深入贯彻绿色发展理念和"两山"理论，做好特色产业绿色发展、资源集约利用、生态环境保护工作，积极发展绿色产业，加大绿色技术产业化力度，支持传统产业绿色化改造工作。探索生态产品价值实现方式，培育绿色品牌，把特色产业打造成生态价值平台。

（六）融合协同，创新产业发展新路径

以深入实施乡村振兴战略为抓手，推动资本、科技和人才进入乡村，加快以县域为重要载体的新型城镇化建设，内聚外联推进城乡一体化发展，促进县域一二三产业融合发展。一是区域融合。积极提升开放度，积极融入京津冀协同发展，主动承接产业转移，推动产业协同联动发展，培育发展新动能。二是产城融合高质量规划建设产业功能区。加强新型产业载体建设，推动城区、园区在基础设施、产业发展、生态环保等方面的一体化建设，实现城区功能与产业功能有机融合，增强特色产业对城镇发展的支撑作用。三是城乡融合高标准创新建设特色镇。坚持农商文旅体融合发展，按照"一镇一精品、一盘一特色"理念，以特色小镇建设为抓手，串联带动全域乡村振兴。

（七）营商护航，释放产业发展新活力

全面深化"放管服"改革，优化县域营商环境，以公正监管促进公平竞争，推动企业扶持方式从"比资源投入、税收优惠"向"比发展机会、发展环境"转变。充分释放县域生产要素活力，全面激发县域市场主体活力。一是要围绕制约产业发展、重大项目、新型城镇化和乡村振兴等方面的机制体制展开突破创新，打造改革试验田。二是加大对中小企业融资、公共服务、技术交易等平台建设的扶持力度，完善配套机制，创优特色产业集群发展环境。

（八）人才共育，培育产业发展新智库

加大产业发展急需的经营、管理、技术等人才的吸引、培养力度，培养一批外向型、复合型、创新型的高层次乡土人才。一是强化人才支撑。河北沿海经济带高校教育资源丰富，如秦皇岛市燕山大学、东北大学秦皇岛分校等高等院校，应促进高等教育资源与县域特色产业发展高度一致。市工信局、乡村振兴局、高校、县级政府等可以协同共建市县二级乡村振兴学院，围绕"产业振兴、人才振兴、文化振兴、生态振兴、组织振兴"五个振兴带动乡村全域发展，全面推进乡村振兴，助力乡村全面振兴。二是完善高层次人才引进、人才回引等政策，完善创新人才激励和人才交流机制，坚持内培与外引并进，组建特色产业人才学院，推行"人才＋项目＋基地＋基金"协同引才机制。

第三节 河北沿海经济带产业发展的重点领域与路径

一、秦皇岛市产业发展的重点领域与路径

坚持把发展经济着力点放在实体经济上，深入推进制造强市、质量强市建设，大力发展先进制造业，加快发展现代服务业，积极布局培育发展

高潜力未来产业。构建以"532"现代产业为代表，三次产业深度融合，实体经济、科技创新、现代金融、人力资源协同发展的现代化经济体系，推动经济存量做优、增量做强、总量做大，不断提升经济发展的质量效益和核心竞争力。

（一）主导产业

1. 装备制造

大力发展智能制造，促进全市装备制造业向产业数字化、生产智能化、产品高级化、布局基地化方向发展，打造千亿级智能化、高端化装备制造产业。适应汽车产业电动化、网联化、智能化发展趋势，增强汽车零部件研发能力，加快产业链配套项目的引进和建设，打造全产业链条，实现从汽车零部件向整车制造升级跨越，打造中国轻量化铝合金汽车零部件制造基地。发展船艇及海洋工程装备，开拓修船业务新领域和船舶配套产业，建设国内最大的修船基地，开发高科技轻型船艇，打造水上应急救援装备基地。大力发展轨道交通设备和高速铁路设备制造，提高国内市场占有率。发展重型电力装备制造，建设发电设备、输变电设备出海口基地。发展大型起重机、掘进机制造，建设重型工程装备基地，推进烟草、冶金专用设备集群建设，确保国内市场地位。鼓励研发数控机床及关键零部件，发展伺服电机等高精驱动装置制造，推进机器人应用示范，培育和发展光机电一体化的高端工程装备制造。

2. 金属压延

围绕产业链延伸和附加值提升，重点推进主体装备大型化、生产过程绿色化、全流程控制智能化、产品高端化、产业布局合理化、企业规模大型化，打造特优普产品全覆盖并向装备配套、绿色建筑、消费用钢延伸拓展的千亿级金属压延产业链条集群。推动烧结、冶炼装备大型化改造，加快企业数字化转型，打造循环经济产业链，建设绿色生态型企业。优化调整产品结构，大力发展冷轧薄板、镀锌板、家电板、车用板、轴承钢、耐蚀钢材等高端产品，加快打造高端金属压延制造基地。利用"短流程"铸造优势，加快昌黎铸造产业园建设，打造耐热、耐磨、高合金高端铸钢铸铁件品牌基地。加快推动金属压延企业整合重组，组建大型企业集团，切实提升企业整体竞争力和市场话语权。大力发展高品质板带箔、锻铸件、高性能大尺寸薄板、飞机和车用铝板材、可焊型材等高性能铝合金结构材料，实现铝产品全面换代升级。

3. 食品加工

发挥临近原料基地、深水良港和消费市场等综合优势，围绕原料基地化、产业规模化、加工精细化、特色品牌化，重点发展豆制品加工、杂粮加工、小麦加工、玉米深加工、葡萄酒酿造、肉类果蔬加工等产业，提升产业集群影响力，打造中国北方重要的粮油食品加工基地、服务京津的绿色食品供应基地。提高大豆精深加工、副产品综合加工利用水平。大力发展各类专用面粉、方便食品、速冻食品。发展玉米淀粉、葡萄糖等产品，扩大在食品、日化、生物、医药等领域的应用。发展保鲜菜、低温脱水蔬菜、蔬菜汁、果汁等加工业，开发以水果为原料的生物制品及保健品。建设高品质干红葡萄酒聚集区，做大做强华夏长城、朗格斯、茅台干红等知名品牌企业，形成高档葡萄酒庄园、家庭酒堡与现代化工厂规模生产相结合，集种植、酿造、研发、旅游、休闲于一体的"中国干红葡萄酒城"，建设成为世界知名的干红酒之乡。提高肉制品精深加工技术水平，全力打造区域品牌，力争建成中国北方最大的肉类加工集散地。加大水产品开发利用力度，重点研发速冻、即食、小包装等各类新型水产功能食品。

4. 文体旅游

坚持"世界眼光、国际标准"，积极推进国家全域旅游示范市、一流国际旅游城市建设。深入挖掘山、海、长城、乡村、民族文化等旅游资源内涵，重点培育长城文化、滨海度假、城乡休闲、生态康养、红酒主题、研学教育、商务会展等旅游业态。积极创建国家A级景区、国家级旅游度假区，推进长城国家文化公园秦皇岛重点段建设，推动构建秦皇岛旅游核心吸引物，打造秦皇岛四季宜游、昼夜畅游的全季全时旅游体验。推动"旅游+多产业"深度融合发展，完善旅游产业链，推动农特产品、手工艺品、文创产品转化为旅游商品，发展高端旅游和户外运动装备，开发健身休闲项目和体育赛事活动相结合的旅游产品和线路。着力提升旅游基础设施和旅游服务水平，加强旅游重点公路建设，推动旅游景点互联互通，提升完善住宿产品，加快推动高端酒店、主题酒店、度假酒店、乡村民宿等品牌化发展，完善旅游交通指引标志系统。推进"智慧景区""智慧酒店""智慧旅行社"等工程，完善咨询、集散、购物等功能，建设国内知名的山海康养休闲度假城市。

5. 临港物流

围绕秦皇岛港口型国家物流枢纽承载城市建设，以秦皇岛港转型升级为契机，全力争取进口冰鲜水产品、肉类指定口岸资质，培育建设以冷链物流为主的粮食、水果、肉类集散基地，建设特色物流口岸。重点发展农产品物流、制造业物流、资源型产品物流、城乡物流配送、电子商务物流、再生资源回收物流等，推动物流企业规模化、集约化发展，提高物流行业标准化、信息化、自动化、智能化管理水平。谋划建设临港国际农产品冷链物流基地建设。拓展商贸、信息、金融等港口增值服务功能，加快建设区域性港口物流公共信息平台，推动港口信息数据联网和标准化建设。围绕核心资源，贯通南北商贸物流，聚集国际产业资源，打造智慧物联体系，丰富产业集群内涵。

（二）新兴产业

1. 生命健康

坚持以康带养、以养促康、康养结合，推动生命健康产业加快发展，形成经济高质量发展的新增长点。依托北戴河休疗品牌，大力发展生物医药研发生产、医疗服务、康复疗养、健康管理、医疗旅游等产业，培育集"医、药、养、健、游"于一体的世界一流生命健康产业链集群。大力发展生物医药、中医药养生以及相关健康产业，推进中关村生命园昌黎科创基地、青龙中草药种植加工基地建设，积极发展中药饮片加工、植物药提取、现代中药制剂等高端中药产业。深化与国康中心的战略合作，推进"一区两园"项目建设，积极引进国内外知名康复器具龙头企业，推进矫形器和假肢、个人移动辅助器具、个人生活自理和防护辅助器具、通信信息和讯号辅助器具、技能训练辅助器具、个人医疗辅助器具等产品的研发制造，全力打造国内重要的康复辅助器具研发生产基地。建设一批现代康复疗养中心，打造绿色生态医疗健康和老年养护基地。促进健康产业与体育、健身、旅游、休闲多业态融合，力争建成高水平、覆盖全生命周期、内涵丰富、结构合理的生命健康产业体系。

2. 信息智能

以新兴电子产品为基础，以应用型电子产品和智能终端产品为核心，提升电子产品制造业的数字化、网络化和智能化水平。积极研发柔性线路板、高阶高密度连接板等产品，扩大在手机、电脑、消费性电子产品等领域的应用。大力发展安防消防电子产品，推动物联网技术和智能家居产品融合，促进智能家居产业快速发展。加快研发具备无线数据传输与远程诊断功能的先进技术，发展新型医疗电子产品。发展汽车电压调节器、电子油门、发电机电压调节器等汽车电子控制装置，开发压电式、应变式各类力学量传感器，推进北戴河智能传感器产业园建设。推进光电信息功能材料研发制备，开发红外光学晶体、紫外光学晶体、半导体晶体、闪烁晶体、特种光纤等系列光电功能材料与器件。研发磁粉芯及电感用软磁粉末、吸波材料用片状软磁粉末等各类合金粉末产品。聚焦重点领域前沿技术，加快新一代人工智能产业发展，拓展"智能+"，加快推进工业机器人、高动态导航控制、智慧消防物联网平台等重点项目，推动企业智能制造单元、智能生产线、数字化车间建设。加快5G建设应用，推动"5G+工业互联网"战略合作，推进"千企上云"。

3. 绿色建筑及节能环保

以加快生态文明建设、推动绿色发展为主线，围绕规模化、高端化、融合化、品牌化、绿色化发展，打造绿色建筑及节能环保300亿级集群。加强装配式建筑部品部件核心技术、新产品的开发，重点发展高性能门窗、环境一体机、保温系统、节能玻璃、专用特种材料等被动式超低能耗建筑专用核心部品。推进装配式建筑外围护墙、内隔墙、装修与设备管线等部品化发展。引导整体厨房、整体卫浴等部品集成化发展。加强自保温、阻燃、长寿命、可循环、环保的新型建材与建筑部品结合研发，推广适应装配式建筑的墙体与保温、装饰一体化技术。培育一批集设计、生产、施工一体的装配式建筑龙头企业。推进秦皇岛国家级装配式建筑范例城市、卢龙县省级装配式建筑示范县全产业链示范基地、抚宁区绿色建筑和超低能耗建筑产业示范基地建设，打造绿色建材、建筑专用设备制造、预制构件生产、技术服务等全产业链装配式建筑产业集群。围绕提高工业清洁生产、节能减排、污染治理等技术装备水平，大力发展过滤除尘、污水处理、空气净化、固废利用、噪声防治、环境监测、消毒防腐、节能降耗、环保仪器仪表、脱硫脱硝及余热余压利用、垃圾处理等环保设备、环保材料，重点培育思泰意达等一批技术先进、市场前景好、产品链条长、带动力大的环保骨干企业。

4. 数字产业

紧紧抓住京津冀协同发展机遇，统筹全市大数据产业布局，打造以秦皇岛经济技术开发区为中心，海港区、北戴河区、北戴河新区为片区的大数据产业园区。在智能制造、电子政务、文化旅游、生态环境、教育医疗、健康养老、民生服务等行业领域开展融合应用。聚焦智能汽车、智能终端、生命健康、数字城市等发展方向，重点引进一批数据采集、数据分析、数据处理、数据调查、数据安全等大数据企业。

推进数字产业化发展。积极对接京津冀大数据中心建设，加快构建现代化数据资源体系，建设互联网数据中心，推动数据中心网络融合、技术融合、数据融合、业务融合，加快公共数据资源有序开放和共享，提升数据资源汇聚、采集和分析能力，积极发展数据加工分析业务，引进培育数据清洗、脱敏、建模、分析挖掘、可视化等大数据产业，发展档案数字化、网络数据清洗、图像视频数据标引、语音数据训练、工业自动化数据等业务。

推进产业数字化升级。实施制造业数字化转型行动计划，加快智能装备、智能模块整体解决方案在企业智能改造中的应用，大力推进工业互联网平台建设，开展"制造业+互联网"模式应用试点示范，发展建设智能工厂，实现生产过程透明化、生产现场智能化、工厂运营管理现代化。加快服务业数字化发展，推动数字技术与交通物流、设计咨询等生产性服务业，旅游、医疗、教育、养老和体育等生活性服务业深度融合，促进服务业智能化发展。推动农业数字化转型，构建农业农村信息服务系统，推广农业物联网应用,利用数字技术开展农业生产经营全程托管、农业植保、病虫害防治服务。实施"上云用数赋智"行动,鼓励平台企业、行业龙头企业整合开放资源,构建产业互联网平台,为中小微企业数字化转型赋能。

(三)高潜未来产业

1. 高端软件产业

促进云计算、大数据、物联网、人工智能、区块链等加速发展,积极培育和引进软件企业、技术和人才力量,加快关键领域软件开发应用,打造软件名城。依托秦皇岛经济技术开发区,加快引进华为、阿里、中软国际、软通动力、文思海辉等大型软件外包和交付企业,打通软件研发和交付产业链,打造"软件产业交付中心"。依托信息技术产学研新工科联盟和北戴河教育培训基地,加强与北航、北理工、北交大等国内一流信息技术领域高校合作,充分发挥燕山大学、东北大学秦皇岛分校、河北科技师范学院等驻秦皇岛高校的作用,积极引进国内外软件龙头企业和知名培训机构,开展面向实际软件工程项目的工程培训;鼓励和扶持河北东软、燕软、晟融数据、海湾、晨碁科技等本地重点软件企业,发挥外部资源带动、内部核心驱动双引擎作用,形成秦皇岛软件产业特色,逐步打造"全国软件产业化人才培养基地"。在传统孵化器的基础上,引进华为软件开发云、腾讯敏捷开发平台、百度人工智能开发平台等软件研发基础技术条件平台和"解放号""猪八戒"等众包服务平台,建设高水平示范性众创空间,逐步打造"全国软件产业创新创业基地"。提升秦皇岛在中国软件创新发展大会上的影响力,集中展示以软件为核心的智能化、数字化发展成果,为促进软件产业发展、传统制造企业转型升级搭建合作平台,建成有秦皇岛特色、在全国有影响力的软件产业基地。

2. 创意设计

推动创意设计产业高质量发展,拓展延伸创意设计服务领域。加快中瑞设计港、中法国际文创园等项目建设,瞄准国际一流标准开展项目招商,推动工业设计企业在秦集聚,支持创意设计企业向专、精、特、新方向发展,打造国际一流的工业设计园和文创园区。以"设计+"为引领,大力发展超高清、VR/AR、数字内容生产和创新设计软件、数字文化内容创作、智能内容生产平台、文化资源转换、人居环境创新设计等产业。开展各类产业创意设计活动，提升创意设计对品牌战略和质量提升的巨大赋值能力，提高产品附加值和品牌知名度，不断提升文化创意和设计服务的整体水平和核心竞争力，以创意设计带动产业升级，推进秦皇岛制造向秦皇岛创造转变。

（四）县域特色产业

1. 县域产业集群

依托资源禀赋和产业基础，做强做优立县特色主导产业，推进园区特色化、专业化提档升级，推动产业集群集约发展。昌黎县高端金属材料及循环经济产业集群，重点发展新型建材、装备制造、循环化工、钢铁深加工及现代物流五大产业，依托安丰、宏兴、兴国等企业，拓展不锈钢精品特钢、冷轧薄板、无缝钢管等新产品，开发汽车板、硅钢等高端产品。昌黎葡萄酒产业集群，依托华夏、茅台干红、朗格斯等龙头企业，重点发展中高档葡萄酒、产区个性化酒品，推动葡萄酒产业向品牌化、高端化、多元化、个性化整合发展。昌黎县皮毛特色产业集群，重点发展动物养殖、品种改良、设计研发、服装加工"四大基地"，打造中国"北方裘都"。卢龙县新型建材产业集群，以绿色建筑材料为重点，大力发展内外墙板、人造石英石板材等产品，做强以预制构件和集成家居为核心的装配式绿色建筑产业。卢龙县甘薯深加工特色产业集群，依托十八里食品、光友薯业等龙头企业，开发高品质精制淀粉、方便粉丝、冷面、薯脯等深加工品种，研制开发甘薯全粉、紫甘薯色素等新产品，提高产品附加值，叫响"中国甘薯之乡"品牌。青龙特色农产品加工产业集群，依托双合盛粘豆包、同盛医药、中红三融、百峰贸易、木兰菌业等企业，着力培育林果、畜牧、中药材三大主导产业和蔬菜、杂粮、桑柞蚕三大特色产业，打造板栗及特色农产品加工产业集群。

2. 特色小镇

分类引导小城镇特色化发展，重点培育具有发展潜力、产业集群基础、非农就业比重高的小城镇作为重点镇。依据城镇发展现状和条件，择优培育一批重点镇，承担跨镇域的公共服务职能，完善基础设施，发展专业化生产，打造农业产业化基地。推动特色小镇高质量发展，依托城市重要景观资源、山海旅游通道建设，结合旅游、度假、康养、体育、文化、创意等产业，打造生产、生活、生态"三生融合"，产、城、人、文"四位一体"特色小镇。着力提升重点镇、中心村的规模和品质，依托各重点镇生态、旅游、文化资源和产业基础，加快镇区道路、广场等基础设施建设，培育壮大一批功能集成型服务中心或聚集区。加强以乡镇政府驻地为中心的农民生活圈建设，以镇带村、以村促镇，推动镇村联动发展。

二、唐山市产业发展的重点领域与路径

深入推进制造强市、质量强市、数字唐山建设，加快发展现代服务业，推动产业高端化、绿色化、智能化、融合化发展，提高经济质量效益和核心竞争力，加快建设环渤海地区新型工业化基地。深入推进供给侧结构性改革，做优精品钢铁、现代商贸物流、高端装备制造、海洋等支柱产业，做强现代化工、新型绿色建材、新能源与新材料、文体旅游会展等优势产业，做大现代应急装备、节能环保、生命健康、数字等新兴产业，大力发展服务型制造，保持制造业比重基本稳定，着力构建战略布局合理、产业链条完整、创新迭代活跃的现代产业体系。

（一）主导产业

着力推动支柱产业技术革新、产品创新、产业更新，不断提升核心竞争力，建设世界一流精品钢铁产业基地、具有国际影响力的现代商贸物流基地、特色鲜明的高端装备制造基地和全国有影响力的海洋产业基地。

1. 精品钢铁产业

坚持降总量、优布局、提品质、延链条，着力推进装备大型化、制造智能化、布局合理化、产品优质化和企业集团化，不断提升研发能力，拓展延伸产业链条。推进装备大型化，全市 1000 立方米以下高炉、100 吨以

下转炉全部按要求完成装备升级改造。优化钢铁产业布局，打造沿海、迁安、滦州、遵化（迁西）四大片区。进一步提升高端板材占比、完善型钢品种规格、提高线棒材产品质量，着力打造板带材、型钢、精品线材和高强钢筋生产基地。

2. 现代商贸物流产业

积极对接国际物流市场，大力整合区域物流资源，加快传统商贸物流转型升级步伐，培育供应链领军企业，打造供应链协同平台，建成具有国际影响力的现代商贸物流基地。发挥"自贸区＋跨境电商综试区＋综合保税区"的多重政策叠加优势，吸引龙头电商企业落户，培育壮大树袋熊、成联、报春、宝兑通、金卓颐高等电商企业，打造中国北方跨境电子商务总部基地。加快港口型（生产服务型）国家物流枢纽城市建设，以省级物流产业聚集区为平台，优化物流产业布局，加快推动海铁、公铁、陆空联运和集装箱多式联运，抓好曹妃甸冷链仓储贸易物流园、中国供销农产品智慧物流园等重大项目建设。

3. 高端装备制造产业

坚持智能转型、创新驱动、龙头引领、集群集约发展方向，完善创新平台，提升龙头企业带动能力，打造先进制造产业基地。加快推进唐山（丰润）中国动车城国家新型工业化产业示范基地建设，大力发展城际动车组、城轨车等产品，提升核心技术和关键零部件创新能力，提高本地配套率。壮大工业机器人产业，培育发展养老、康复等服务类机器人产业，打造全国重要的智能机器人产业基地。改装汽车及零部件制造业，积极发展旅居车、环卫车、指挥车等特种车辆以及零部件产业，培育发展新能源重载车及相关产业。加快发展智能停车设备、冶金机械、选煤机械、水泥机械等特色装备产业。

4. 海洋产业

充分发挥沿海港口优势，加快发展海洋运输、海洋化工、海水利用、海工装备、海洋休闲和海洋渔业等产业，进一步做大产业规模、提升核心竞争力。加强港口基础设施建设，完善港口功能，加强集疏运体系建设，积极拓展航线，稳定集装箱国际班列常态化运行，加速内陆港布局，增强港口承载和辐射带动能力,全面发展海洋交通运输业。拓展特种物资海运市场,积极发展航运经纪、船舶检验、船舶保理等现代航运服务。大力发展海洋化工产业,做优"两碱一化",打造以原盐、纯碱、化纤、氯碱、硅材料为主体的产业集群。积极发展海水淡化与综合利用,延伸发展盐化工产业链,打造海洋化工产业基地。差异化发展海上风电、跨海桥梁沉管等海工装备,错位发展修造船、钻井平台、浮式生产储卸油装置等海工装备,打造中国北方沿海地区大型临港高端装备制造基地。依托滨海旅游资源,加快发展海水浴场、岛屿观光度假、海上娱乐运动等休闲产业,谋划建设曹妃甸邮轮母港。着力打造人工鱼礁产业带,建设海洋牧场示范区集群、曹妃甸渔港经济示范区。

(二)优势产业

着力推进现代化工、新型绿色建材、新能源与新材料、文体旅游会展产业扩规模、提档次,打造世界一流的绿色石化产业基地、世界一流的能源储备基地、中国北方新型绿色建材产业基地和全域旅游示范市。

1. 现代化工产业

坚持安全、集聚、绿色、高端发展方向,提速发展石油化工产业,改造提升优化煤化工产业,聚力壮大化工新材料产业,大力发展高端化纤材料、煤系新材料。推进旭阳炼化一体化、富海石化多元化原料制烯烃等重点项目,加快建设曹妃甸国家级石化产业基地,打造以有机原料和合成材料为主体、化工新材料和精细化工为特色的世界一流绿色石化产业基地。进一步延长煤化工产业链,提升煤焦油精深加工水平,重点发展酚系、萘系和蒽系下游精细化工产品。立足专精特新,围绕石化、煤化产业融合发展,加快鑫宝12万吨聚苯醚、祥峰30万吨碳素材料、吉诚碳素材料等项目建设,打造化工新材料产业基地。

2. 新型绿色建材产业

依托产业基础和区位优势,构建集装配式建筑部品部件、混凝土构件、新型建材于一体的全产业链。装配式建筑产业重点抓好遵化、滦州、迁西、玉田、滦南、丰润、曹妃甸等新型建材和装配式建筑产业基地建设,打造区域装配式建筑部品部件基地。被动房产业大力发展被动式门窗、保温材料、密封材料、环境能源一体机、遮阳材料等关联产品，推动产业集群式发展。依托惠达、梦牌等骨干陶瓷企业，大力发展卫生陶瓷和工业陶瓷，延伸发展整体厨卫和环保陶瓷、结构陶瓷、电子陶瓷、生物活性陶瓷等新型特种陶瓷，大力培育"唐山陶瓷"原产地标识，打造"北方瓷都"亮丽名片。

3. 新能源与新材料产业

以高性能、多功能、绿色化为发展导向，大力发展动力储能电池、清洁能源、新材料等产业。加快航天国轩5G新能源产业基地、中冶瑞木正极材料、东日新能源负极材料等项目建设，推进动力储能电池产业全产业链协同发展，建设曹妃甸新能源重载车示范基地。积极推进天然气分布式能源示范项目及天然气调峰电站项目建设，利用荒山、荒滩等建设光伏电站。发展氢能产业，加快推进氢能重卡、氢能电池等项目进度，打造氢能产业链体系。大力发展化工新材料、特种金属材料、3D打印材料、激光修复材料、高性能膜材料，引导发展生物基高分子新型材料、耐超高温复合材料、蓄热材料等。

4. 文体旅游会展产业

依托丰富的旅游资源以及较好的办会基础，以"旅游+""会展+""体育+"创新产品供给、激活消费潜能，推动文体旅游会展产业融合发展。整合北部长城山水、中部工业文化、南部海岛湿地三大板块和唐山国际旅游岛、曹妃甸湿地、滦河文化产业区、市区工业文化体验区、长城旅游带、清东陵等6个产业核心聚集区旅游资源，进一步提升文旅基础设施建设水平，推出一批精品旅游线路，打响"唐山周末"品牌，全力创建全域旅游示范市。以国家首批"全国社会足球场地设施建设重点推进城市"为载体，加快推进足球场建设，办好京唐乌拉圭国际足球学校，积极承办中国国际友好城市青少年足球邀请赛等高规格足球赛事，持续擦亮"足球城市"名片，大力发展体育产业。推动体育服务业发展，做大健身休闲产业、繁荣竞赛表演产业、发展体育培训产业，着力促进健康与体育、旅游、文化、养老等深度融合，打造康养高地。加快南湖新会展中心等项目建设，举办一批高等级展会，有效增强会展业的可持续发展能力。聚焦港口、海岛、湿地等资源，谋划国际性港口文化艺术节、湿地文化论坛等高端文化交流活动，创新发展会展产业。

（三）新兴产业

优先为关联带动能力强、市场潜力大的新兴产业配置各类资源要素，支持重点领域跨越式发展，加快推动单一产业向产业集群发展，逐步将新兴产业培育成优势产业乃至支柱产业，为经济高质量发展提供新动能、打造新支撑。

1. 现代应急装备产业

以开平国家应急产业示范基地和高新、遵化、迁安、路南、曹妃甸等6个应急装备产业园区为平台，全力推动智能救援装备、监测预警装备、工程抢险装备、应急防护装备和工程消能减震装备等五大特色应急装备产业率先发展。

2. 节能环保产业

充分发挥市场规模优势，鼓励引导国内外行业龙头企业落户唐山市。加快迁安、古冶、曹妃甸国家大宗固体废弃物综合利用基地和玉田国家城市矿产基地建设，大力发展冶金渣、尾矿、除尘灰等大宗固体废弃物综合利用和废旧电子电器回收加工处理、报废汽车拆解回收利用等产业。积极推进唐山"环保医院"、环保物联网基地、孵化器等项目建设，打造"环保超市"等环保服务新模式。以瑞兆激光再制造技术股份有限公司为龙头，重点围绕矿山、钢铁、海洋船舶、汽车、航空航天等领域发展再制造技术，做大做强再制造产业，把迁西、曹妃甸打造成国内重要的再制造产业基地。

3. 生命健康产业

突出健康食品和现代医药两个主攻方向，放大资源优势，壮大龙头企业，延伸产业链条，打造辐射京津的生命健康产业基地。积极发展即食小包装休闲食品和绿色健康饮品以及功能性蛋白、功能性膳食纤维等保健食品，发展高端乳制品和特色乳制品产业。在现代医药产业方面，以北京同仁堂玉田产业基地为龙头，发展新型中药饮片和中药保健品；依托海德生物、华润三九（唐山）药业等骨干企业，大力发展生物医药和化学药产业。大力发展医疗器械产业，支持英诺特、艾驰等企业做大做强。

4.数字产业

围绕数字产业化、产业数字化，加快新型数字化基础设施建设，增强数字产业支撑能力，促进数字技术在三大产业领域中的应用与融合创新。做大做强电子元器件、新型显示、智能仪表等电子信息产业，培育大数据、云计算等新业态发展。推动九天微星、天谷卫星等一批数字应用项目建设。加快制造业数字化转型，在钢铁、装备、化工、建材等重点行业建设一批数字车间。

（四）县域特色产业

按照因地制宜、分类扶持的思路，坚持"做优做强一批、发展壮大一批、培育提升一批"，梯次培养、精准培育一批特色产业集群。加快推动县域特色产业园区化、集群化、品牌化发展，打造块状经济增长点。把开发区作为特色产业发展的主要载体，引导特色产业向开发区聚集，吸引人才、资金、技术等要素向开发区流动。

三、沧州市产业发展的重点领域与路径

（一）主导产业

沧州市着眼打造具有战略性和全局性的产业链，加快培育汽车及零部件制造、绿色化工、生物医药、主题旅游、时尚服装服饰和现代物流六大千亿级产业集群。

1.汽车及零部件制造产业

按照"两核、三园、多基地多集群"发展思路，围绕建设结构优化、技术先进、布局合理的现代汽车产业基地，以北京现代沧州工厂和北汽新能源（黄骅）产业基地为核心，以整车制造向产业两端延伸为主线，积极引入新能源汽车、关键零部件制造和核心材料等产业，推动新能源与智能

网联汽车、整车与关键零部件一体化发展，带动泊头汽车模具、河间汽车配件、渤海新区车用材料、献县汽车后市场等关联产业发展，推动汽车消费由购买管理向使用管理转变，使汽车生产成为沧州城乡风景线，着力打造"华北地区重要汽车全产业链生产基地"和"北京地区汽车零部件产业转移承接地"。

2. 绿色化工产业

依托华北石化千万吨炼油、中海油中捷石化、中石化沧州炼化、鑫海化工产品质量升级等项目，在巩固提升"炼"的基础上，下大力做好"化"的文章，以石油化工为主导，积极向下游精细化工及轻纺产业发展，加快推进 TDI、PC、MDI、己内酰胺等项目建设，不断完善包括石油化工、盐化工、煤化工和精细化工等在内的完整产业链条，打造全国重要的绿色石化及合成材料基地。

3. 生物医药产业

依托渤海新区北京和天津生物医药产业园、石家庄四药产业园，建设国家绿色原料药集中生产基地。积极对接京津知名生物医药科研院所，承接一批现代微生物药物、基因工程药物、新型制剂、现代中药等方面的关键技术成果转化和产业转移，打造大健康、智能医疗器械及康复辅助器具研发制造产业集群、京津冀协同发展样板和国家生命健康产业创新示范区。

4. 主题旅游产业

依托大运河、杂技、武术等深厚历史文化底蕴和滨海湿地等自然资源禀赋，优化全域旅游空间布局，完善全域旅游公共服务，持续举办旅游产业发展大会，打响运河名城、杂技之乡、武术之乡、状元文化之乡、欢乐沧海、诗经溯源、名医传承等主题旅游品牌。重点推进大运河文化旅游带和环渤海休闲度假带建设，推动南大港湿地景区提档升级，打造中国大运河文化承载地和京津冀滨海休闲旅游度假目的地。借势雄安新区规划建设，加快推进任丘、河间、献县、肃宁沿雄安生态旅游带建设。

5. 时尚服装服饰产业

以明珠国际服装生态新城和明珠商贸城为基础，有序承接北京"动批""大红门"和杭州四季青等服装产业转移。扶持肃宁裘皮服装产业发展,打造完整裘皮服装产业链和供应链系统,建成世界级裘皮中心。完善专业市场配套,提升产业基地功能,扶持优质品牌建设,建设智能制造标杆,深挖文化创意内涵,建立市场创意产业研究院和互联智慧交易平台,提高服装产业时尚设计能力和智能制造水平,增强品牌引领作用和产业发展质量,打造全国知名的快时尚中心、国际服装产业之都和多品牌集成店新营销模式示范基地。

6. 现代物流产业

紧紧围绕建设"港口型国家物流枢纽承载城市",持续推进黄骅港转型升级,大力发展港口物流,继续推进渤海新区、肃宁、沧东三大省级物流产业聚集区建设,打造海陆联动网络体系,带动冀中南地区进出口物流、集装箱物流加快发展,推进中捷区域航空物流中心、渤海新区"十大交易中心"、任丘现代物流基地建设,立足服务京津和承接北京非首都功能疏解,打造环京津一小时现代商贸物流圈,建设港口型现代商贸物流聚集区。

(二)新兴产业

以高端化、智能化、绿色化、服务化为发展方向,着力打造激光及智能制造、先进再制造、新一代信息技术、航空航天技术、清洁能源等五大创新发展新引擎。

1. 激光及智能制造产业

以运河区激光产业园为依托,借助激光加工国家工程中心京津冀区域中心的科技研发和技术创新能力,打造高新企业孵化基地,建设中国北方激光研发与应用的"光谷"。依托沧州高新区国际机器人产业园、泊头数控机床产业园,加快关键工艺技术、核心技术和系统集成技术突破,推动传统产品智能、节能改造,加快发展具有深度感知、智慧决策、自动执行功能的高档数控机床等智能制造装备。

2. 先进再制造产业

加快河间"京津冀国家再制造产业示范基地"和黄骅渤海智能装备制造及再制造产业园建设,提高资源能源综合利用效率,实施再制造补链和延伸项目,实现再制造产业上下游之间的有机耦合,提高循环利用的增值链。重点发展汽车零部件、石油钻采设备、机床、关键机械零部件等领域再制造技术的研发应用，实现再制造产业规模化、集群化发展。

3. 新一代信息技术产业

依托沧州高新区，以华为云计算大数据中心、中关村（沧州）互联网产业园为基础，以链条化、智能化、终端化为主攻方向，着力突破发展短板，打造后发优势，建设华北地区重要的电子信息及应用产业基地。重点发展以光通信设备、材料为主的新一代信息网络产业，以新型元器件、电子专用设备仪器为主的电子信息基础产业和以大数据与物联网、云计算为主的新一代信息技术和应用软件产业，打造服务京津、辐射河北的电子信息及应用产业示范园。

4. 航空航天技术产业

以渤海新区中捷通用航空产业园为龙头，按照航空装备制造、航空展示和航空教育培训多元发展的思路，加强与中东欧国家航空企业的对接，引进通用飞机和工业级无人机整机制造，拓展大型客机改装货机、大型飞机制造、航空零部件配套制造和航空设备制造业务领域，全面推动航空技术的研发和应用，力争在航空新型合金和复合材料、航空动力设计研发等前沿领域实现突破，打造河北通航科技创新和智能制造核心承载地。加快推进北航教育园（沧州航空职业学院）建设，开通航空运输业务，对接飞行培训、私人飞机托管等市场需求，打造京津冀通航运营服务保障基地。

5. 清洁能源产业

按照高端、高效、智能发展方向，大力推进先进光电、储能、氢能、智能电网、核能、新能源汽车等清洁能源技术研发、装备制造和智慧能源综合示范应用。着重提升关键硬件技术和智能控制系统的研发、制造水平，推进清洁能源产业链纵向延伸、横向拓展，加快先进清洁能源产业聚集，重点围绕柔性光电材质、先进光伏电池组件、智能微电网控制技术、智能输变电设备、储能装备、氢能制造、核级泵、核级阀、核级管件、压力容器、重型燃气轮机、新能源汽车等技术设备，打造关键技术—关键设备—系统集成—示范应用—运维服务"一条龙"式清洁能源产业集群。

（三）县域特色产业

围绕打造"18+7"县域特色产业，坚持研发投入奖补并举，"一业一策"制定转型升级支持方案，不断塑造经济高质量发展新优势，增强区域经济核心竞争力和影响力。

全面推进企业项目集中入园，将18家省级以上开发区作为县域产业发展的"主阵地"，着力推动"18+7"优势特色产业进一步向园区集中，扎实开展城镇工业企业退城搬迁，实现集聚集约高质量发展，推动河间工艺玻璃、东光包装机械、盐山管道装备、南皮五金机电、泊头铸造、任丘电力设备等产业集群向200亿元、500亿元产值台阶迈进，打造一批高成长性产业集群。

第八章　河北沿海经济带园区高质量发展的思路与路径

截至 2020 年，河北沿海经济带共有省级以上各类园区 50 余家（其中国家级 7 家）。包括自贸区 1 家（国家级）、综合保税区 2 家（国家级）、经开区 43 家（其中国家级 3 家）、高新区 6 家（其中国家级 1 家）。河北省落实"三个创新""两个提升"要求，着力发挥自贸区、综合保税区、经开区、高新区制度优势，实施跨区域组团重组整合、集团化联动发展，共享制度红利，放大高质量发展溢出效应，整体提升全省开发区能级和水平，推进产业数字化转型，加快构建现代产业体系，推动产业集群集约高效发展。

第一节　河北沿海经济带园区发展概况

一、自贸区发展概况

（一）河北省自由贸易试验区的成立

2019 年 8 月 2 日，《国务院关于印发 6 个新设自由贸易试验区总体方案的通知》发布，中国（河北）自由贸易试验区正式设立。8 月 30 日，中国（河北）自由贸易试验区正式揭牌，这是为更好服务对外开放总体战略布局，高标准、高质量建设自贸试验区而设立。中国（河北）自由贸易试验区涵盖雄安片区、正定片区、曹妃甸片区、大兴机场片区，总面积达119.97平方千米。河北省自贸区的设立成为我国区域发展过程中又一具有里程碑意义的事件。伴随新质生产力的发展，各种高科技产业蓬勃发展，经济增长方式由之前的要素驱动和投资驱动逐步转向创新驱动，自贸区处在经济发展的前沿地带，以高质量的科技供给集聚国内外创新资源和创新要素，带动经济结构变革，形成辐射，带动全国乃至全球经济发展的引擎和战略高地，是自贸区高质量协同发展的共识和必须完成的时代使命。

其中，曹妃甸片区作为面积最大、唯一沿海的片区，位居河北省经济最强市——唐山市。唐山市以钢铁产业、装备制造业等为支柱产业，而随着我国"去产能"政策的不断深入，唐山市产业结构进一步调整。曹妃甸片区是唐山市的"桥头堡"，需要承担起"试验田"应有的作用，以带动唐山市乃至整个河北省的经济转型发展。

（二）河北沿海经济带自贸区曹妃甸片区的发展定位

1. 国家重大战略部署

建立河北自贸区是党中央、国务院的重大决策，是新时代推进改革开放的战略举措，曹妃甸片区以建设东北亚经济合作引领区、临港经济创新示范区为目标。曹妃甸片区的设立具有特殊性。作为河北自贸试验区四大片区中面积最大且唯一沿海的片区，它不仅是河北自贸试验区重要的出海口，更是对外开放的前沿阵地。对内，曹妃甸片区连接北京、天津、雄安新区；对外，它与东北亚地区紧密相连，是"一带一路"倡议的关键节点，在联通国际市场中占据着重要地位，堪称河北自贸试验区对接内外的核心枢纽。

2. 河北省高质量发展的关键一环

未来，曹妃甸片区可通过充分发挥沿海城市的港口优势，并积极借势雄安新区加快科技型城市建设的契机，形成西有雄安片区科技溢出带动、东有曹妃甸片区贸易带动的"东曹西雄"贸易科技联动发展的局面。加上中部正定片区、北部大兴机场，可进一步实现科技、制造、临空、临港协同的全方位齐发力的格局，从而带领河北省走上高质量发展道路。

3.曹妃甸片区的重点发展方向

曹妃甸片区可以依托深水良港、大港的核心优势，在国际大宗商品贸易、港航服务、能源储备及交易和高端装备制造及再制造等四大产业方向同时发力。曹妃甸片区将打造重要的液化天然气及矿石交易中心、国内重要原油物流交易中心、中国北方木材交易中心、国家级乃至世界级物流贸易加工中心、全国重量级跨境交易平台、国际航行船舶保税油供应基地和国家级矿石混配基地等。将培育出具有国际竞争力的海运集团、高端海航相关服务业、高端装备制造业等，进而将曹妃甸片区建设成国际上有吸引力、有竞争力、有效益的高标准高质量的自贸区。

二、综合保税区发展概况

综合保税区作为海关特殊监管区域，是开放层次最高、优惠政策最多、功能最齐全、手续最简化的重要平台和载体。目前，河北省曹妃甸、石家庄、廊坊、秦皇岛4家（沿海2家）综合保税区在加工制造、国际贸易、物流分拨、保税仓储、检测维修等方面持续发展，各类"保税+"业态逐渐兴起。2022年，全省综合保税区进出口总值达到794.3亿元，同比增长25.7%，增幅远高于河北省外贸进出口增幅。但是在总体规模、产业机构和要素集聚方面仍有较大上升空间。

三、开发区（含经开区与高新区）发展概况

（一）河北省开发区总体发展历程

河北省开发区（含经开区与高新区）的发展主要经历了四个阶段：一是快速发展阶段（1984—2003年），表现为数量上迅速发展，总数达178家，但同时存在数量过多、布局无序、产业聚集和资源共享不明显等问题；

二是清理整顿阶段（2004—2006年），国务院针对一些地方借经济开发区之名乱占耕地、侵犯农民利益等现象，部署开展了全国各类经济开发区的清理整顿工作，河北省砍掉省级经济开发区130家，仅剩48家；三是停止审批阶段（2007—2009年），国家停止审批新的经济开发区，河北省经济开发区维持在48家；四是批准新建阶段（2010年至今），国务院重启新批国家级经济开发区。截至2020年，河北沿海经济带开发区已设立49家。

（二）河北沿海经济带开发区发展模式与特色

河北省沿海地区包括秦皇岛、唐山和沧州三市所辖行政区域，省级以上开发区尤以秦皇岛经济技术开发区、唐山高新技术产业开发区和沧州临港经济技术开发区最具代表性。经过近30年的发展，河北省沿海开发区在经济结构优化、产业聚集效应凸显、科技创新能力提升、综合实力增强以及全面可持续发展等诸方面，均走在了全省前列。

河北沿海开发区建设是在借鉴国内经济特区、经济开发区和国外工业园区、出口加工区、贸易自由港等成功经验的基础上建立并发展起来的，是实施本省对外开放战略的重要环节。河北省沿海开发区的发展得益于政府的财税优惠政策、产业在国际市场的布局、劳动密集型产业结构的支撑，以及完善的基础设施建设。开发区在引进和利用外资、引进国外先进技术与管理经验、带动区域经济发展方面已经取得了巨大的成绩。开发区建设提高了河北省对外开放的力度，增强了河北省对外商的吸引力，并且带动了区域经济的发展，为全省改革开放事业作出了重大贡献。

秦皇岛经济技术开发区是河北省唯一一家国家首批设立的开发区，城市的高校数量和在校大学生数量约为河北省其他沿海地区的总和。秦皇岛经济技术开发区在全国率先提出并兴建了全国第一家数据产业基地，具有明显的数据产业先发优势，为高端服务业发展奠定了基础。秦皇岛的天然条件及港口物流发展，将为秦皇岛开发区提供广阔的现代服务业发展空间。

唐山高新区和曹妃甸新区凭借所在城市在河北省首屈一指的经济实力，在河北沿海开发区中脱颖而出。其高新技术企业生产总值领先，已成功打造出由日资工业园、焊接与切割产业基地以及汽车零部件基地构成的"一园两基地"特色产业格局。两区依托唐山主城区雄厚的经济基础,重点发展机器人、工程机械等高新技术产业和高端装备制造业,成为唐山市经济发展的两大增长极。

沧州被称作全国第三座化工城,沧州临港经济技术开发区拥有包括石油化工、海洋化工、合成材料和精细化工在内的完整生产体系,是"国家新型工业化产业示范基地"和"循环化改造示范试点园区",拥有以石油化工、装备制造、电力能源、现代物流产业为主的产业集群。

第二节 河北沿海经济带园区发展存在的问题

一、河北沿海经济带自贸区存在的问题

河北省的经济和开放水平与江浙沪等地区存在差距,而且大部分自贸区涉及高端装备制造业和服务贸易业,产业趋同化较严重。曹妃甸自贸区从填海造地到建港兴业再到城市建设只有十几年的时间,在后续发展中压力较大。由于成立时间相对较短,曹妃甸自贸区与其他发展成熟的片区相比,存在着诸多差距:产业聚集程度较低,开发程度有限,管理架构层级也处于相对较低水平,在决策效率与资源调配能力上存在一定局限。不仅如此,由于周边北京和天津地区强大的虹吸作用显著,大量潜在的优质资源以及高端人才被吸引而去。当前曹妃甸自贸区的发展环境与氛围致使人力资源发展滞后,这在很大程度上对高端管理人才、专业技术人员以及普通劳动工人的引进造成了阻碍。如此一来,曹妃甸自贸区在对外竞争中的优势不明显,面临着较为严峻的发展挑战。

曹妃甸自贸区具有发展国际大宗商品的优势,并且具有丰富的港口资源,但是其并没有把它们充分利用起来,港口优势不明显。曹妃甸自贸区缺乏输出型企业,出口贸易较少,大多是进口贸易;在宣传方面,利用互联网平台进行宣传的力度不够,知名度不高,所以在招商引资方面与其他

自贸区相比效果不明显。

近年来，中国人民银行总行和国家金融监督管理总局等金融管理机构在金融监管方面呈现出逐年收紧的态势，金融开放创新难度加大，交通银行、唐山银行、农业银行等支行在曹妃甸自贸区相继成立，但是金融业务比较单一。比如已在天津获批的银行FT（自由贸易）账户等难以在曹妃甸自贸区获批，这导致金融开放创新难度较大，金融对实体经济发展的支持受到了限制。

（一）自贸区改革自主权和高水平开放程度不够

中国（河北）自贸试验区的设立，是对河北省的一项重大的改革授权，也是一次全新的制度探索，关键是要用改革的措施激发活力、用创新的办法增强动力。与过往依赖优惠措施、政策倾斜管理的经济技术开发区、保税区的思维不同，管理自贸试验区的关键在于改革探索、制度创新，必须进一步解放思想，打破条条框框的束缚，在思维上适应自贸试验区的建设要求。必须在营商环境、市场意识上实现观念的升级。坚持创新发展理念，突破传统的发展思路和发展模式，推动制度创新、科技创新、商业模式创新、管理创新，把河北自贸试验区打造成创新发展的新高地。

自贸区尚未以对标学习形成建设高标准高质量自由贸易园区的高度自觉。河北省与发达地区相比，最大的差距体现在思想观念上。只有打开解放思想这个"总开关"，才能在自贸试验区这块"试验田"上收获创新的成果。聚焦建设国际商贸物流重要枢纽、新型工业化基地、全球创新高地和开放发展先行区的战略定位和发展目标，要求河北省对标国际最高标准、最好水平，进行思考谋划、发力提升。

自贸区高水平开放措施尚未完全落到实处。改革与开放是一体两面，统一于国家经济高质量发展之中。国内国际双循环新发展格局也要求必须做到统筹兼顾，共同服务于国家经济高质量发展。这就要求自贸区发挥好内引外联的载体作用，以高水平开放助推国内外经济良性循环。但目前来看，河北自贸区在服务业国际产业链的搭建、国际营商环境的改善和金融领域开放创新等方面还有很大差距，需要进一步提高开放水平。

(二)自贸区科技人才支撑存在明显短板

长期以来,科技、人才资源支撑乏力,是制约河北省高质量发展的主要因素。高标准高质量建设中国(河北)自贸试验区,必须在弥补短板、强化供给上下深功夫、实功夫。河北省高层次人才总量不足、人才结构不匹配、国际化程度不高等问题突出,既懂经济又懂管理,既懂技术又懂国际规则的复合型人才偏少,尤其是站在行业科技前沿、具有国际视野的领军人才匮乏,难以满足自贸试验区建设的实际需要。

1. 人才类型较为单一

河北省对外经济人才结构中,仍以传统优势产业人才为主,近年迅猛发展的生物医药、高端装备制造产业也有一定的人才储备,但在自贸区最新布局的数字产业、金融服务、国际物流等新兴产业方面,人才基础薄弱。

2. 高端人才数量存在缺口

近年来,河北省积极实施人才强省战略,形成了以院士、高端人才、省管专家、省政府特殊津贴专家和"千人计划""百人计划""巨人计划"专家等高层次人才队伍体系,专业涵盖工业、农业、医疗、教育、社科、文艺等重点领域,但与国际贸易规划、环境相对接的复合性不足,"四通"型人才数量不多,自贸区的人才需求尚存在不小的缺口。

(三)科技创新对自贸区的提升作用不显著

1. 科技创新对自贸区的推动力不足

从当前自贸区科技创新要素的投入状况而言,四个自贸区在科技创新要素投入数量上均呈现出持续增长的态势。然而,科技创新要素在从投入到切实推动经济发展的进程中,存在着衔接不畅的问题,尚未能充分发挥其对经济增长的驱动效能。这就造成大量的科研投入在较短时间内不能收回所投入的资本,不可避免地形成科研投入的压力,创新要素投入与科技产出、经济增长不相匹配,科技创新资源配置水平还有待提升。

与此同时,河北省自贸区位于京津冀经济带这一特殊区位。在该区域内,由于周边大城市科技创新资源吸引力强,河北省自贸区的科技创新资源时常面临被挤压占用的状况。而且,在资源配置与利用过程中,还存在着规划不合理、管理不到位等原因导致的科技创新资源无意识浪费现象。这一系列问题极大地限制了科技创新向科技成果的有效转化,使得科技创新对自贸区经济发展的推动作用大打折扣。

2.科技创新与经济发展配套政策尚不完善

科技创新与经济发展配套政策尚不完善总体表现为科技创新与经济发展政策短缺,这虽然与河北省自贸区设置时间较短有一定关系,但它确实是自贸区科技创新与经济发展存在的重点问题之一。目前用于指导和规范自贸区经济领域、科技创新领域的政策以宏观内容为主导,对科技活动开展的大体方向、大致范围作了说明,但缺乏细节性、具体性和有针对性的内容,使得科技创新的指向性和实效性不强。

二、河北沿海经济带综合保税区发展存在的问题

(一)建设进程加快,但总体规模较小

尽管河北省综保区发展迅猛,但和全国其他地区相比,还存在建设规模小、建设数量少等问题。从规模上看,2022年,河北省综保区进出口总额占全省进出口总值的14.11%,低于全国综保区19.97%的总体贡献水平。从数量上看,截至2023年2月,全国共有综保区162家,其中河北省仅有4家(沿海2家),在11个沿海省份中排在倒数第二位(不含港澳台)。2022年,海关总署制定了《综合保税区设立指标评估体系》,严格规定了综合保税区的申报设立条件,黄骅港综合保税区短时间内难以获批,对冀中南地区商贸物流、加工制造、高端服务等产业发展和"雄安新区出海口"功能的发挥存在一定影响。

(二)产业结构渐优,但发展水平不高

和先进省份综合保税区相比,河北省研发设计、保税维修、融资租赁、跨境电商等业态仍处于发展的初级阶段,竞争优势还不明显。从2022年进

出口总值看，沿海经济带的曹妃甸综合保税区在全国综合保税区中排名处于前列（第 32 位）；秦皇岛综合保税区排在后面（第 106 位），面临整体退出风险，亟待在短时间内取得突破。

（三）政策体系初建，但要素集聚不强

尽管出台了系列政策，但总体而言，河北省现有综合保税区产业配套不够完善，产业同质化现象比较突出，要素集聚能力还有待提高。尽管在综合保税区注册的企业数量多达几百家，然而真正处于活跃经营状态的企业仅 150 家左右，且其中绝大多数为中小企业。在企业构成中，世界 500 强企业、大型央企、行业领军企业以及创新型企业的数量极为匮乏。这种企业结构状况使得综合保税区难以形成强大的资源集聚效应，在市场竞争中缺乏足够的优势与活力。

三、河北沿海经济带开发区发展存在的问题

（一）开发区体制机制改革存在的问题

1. 体制机制创新不足

河北沿海经济带开发区在体制机制改革方面创新力度不够。虽然有部分地区探索了一些改革试点和政策创新，但整体上对于市场经济的适应性和灵活性还有待加强。缺乏针对性强、可操作性强的改革措施，使得一些旧有体制机制难以有效适应现代化经济发展的需求。

2. 体制改革与制度建设不协调

体制改革过程中，与制度建设的协调性不足是一个重要问题。河北沿海经济带开发区需要在改革体制的同时，加强法治建设、市场监管、公共服务等方面的制度建设，这样才能有效推动改革成果的落地和长期效果的稳定。

3. 配套服务体系不健全

配套服务管理规则体系与国际高标准还存在一定差距。各部门与沿海

开发区之间的信息共享机制不健全或存在壁垒，影响到对企业活动的全面监管和风险防控能力。整体管理体制与现实的匹配度还有待加强，服务意识有待提高。

（二）开发区能级提升存在的问题

1. 产业结构单一

开发区的产业结构相对单一，过度依赖传统产业或者少数几个产业，缺乏多样化和高附加值的产业支撑。这导致经济增长动力不足，抗风险能力弱，难以应对市场变化和全球经济周期波动。

2. 科技创新能力不足

开发区在科技创新能力方面相对落后，研发投入不足，企业创新意识薄弱，高新技术产业发展缓慢。由于缺乏创新驱动的发展模式，区域经济的长期竞争力受到了限制，可持续发展能力也大打折扣。

3. 基础设施建设滞后

一些开发区的基础设施建设跟不上经济发展的速度，特别是交通、能源、信息通信等方面的短板较多。这一状况不仅对生产要素的自由流动以及资源的高效配置形成了阻碍，还一定程度上削弱了区域对于企业投资与发展的吸引力。

4. 环境容忍度低

部分开发区在环境保护意识层面较为淡薄，措施落实也存在诸多不到位之处。长期以来，对环境可持续性的重要意义缺乏足够重视，在发展过程中片面追求经济效益，忽视了生态环境的保护。这一系列问题致使区域内环境质量持续恶化，不仅对居民的日常生活质量造成严重影响，还制约了企业的可持续发展。

5. 城市化进程不平衡

在城市化进程里，部分开发区存在城市规划缺乏科学性与统筹性的问题。城市功能布局缺乏合理规划，产业区域与城市生活区域未能有效融合，使得生产、生活之间难以形成良好的协同效应，不仅造成城市发展效率低下，资源无法得到高效利用，还增加了城市治理的难度。

(三)开发区协同发展存在的问题

1. 区域协调发展不足

不同开发区之间的发展不平衡,存在发展水平差异大、资源利用不均衡等问题。缺乏有效的区域协调机制和政策配套,导致一些区域发展相对滞后,难以实现资源优化配置和协同发展。

2. 产业协同效应不明显

开发区内部及其周边地区的产业协同效应不明显,产业链条不完整,产业互联互通程度低。缺乏产业链上下游企业之间的有效合作与协同,限制了整体经济效益和竞争力的提升。

3. 交通物流联通性差

开发区之间及其与周边地区的交通物流联通性不足,交通设施建设滞后,物流成本高,制约了产业要素的流动和资源的有效配置。这种情况影响了跨区域合作和产业链的跨区域延伸。

4. 政策协同不到位

不同开发区间的政策协同和统筹规划存在欠缺,政策执行力度不均,导致企业在跨区域发展时面临法规不一、政策不匹配等问题。这种不协调的政策环境阻碍了区域经济整体的协同发展。

5. 人才流动和培养机制不畅

区域内部及其周边地区在人才引进、培养和流动机制上存在障碍,人才资源利用效率低下。缺乏跨区域的人才交流和共享机制,限制了创新能力和产业发展的跨区域协同效应的发展。

第三节 河北沿海经济带园区高质量发展的对策建议

一、河北沿海经济带自贸区高质量发展的对策建议

经济高质量发展已经成为"十四五"时期经济社会发展的主题。如果

说国内大循环是增加经济增长的"量",那么参与国际大循环就是提升经济增长的"质"。开放会倒逼改革,而改革往往会转变经济发展模式、提升经济发展质量。虽然在实际建设过程中还存在一些问题,但作为连接国内国际双循环的关键枢纽和重要载体,自贸区的制度模式不仅在经济增"量"上可以发挥重要的改革试验田作用,还会在经济提"质"方面起到重要的引领作用,进而为中国经济高质量发展提供强劲驱动力。

(一)赋予自贸区更大改革自主权,完善自贸区容错纠错和激励机制

改革创新在新发展格局构建中发挥着突破和先导作用。中国的改革已经进入了深水区,表面的、浅层次的、碎片化的改革已经很难发挥真正的效用,必须充分发挥自贸区制度创新试验田的优势,将制度创新摆在更加突出的位置。一是要赋予自贸区产业发展自主权,允许其对未来产业、跨境金融、颠覆性技术等领域自主出台并实施扶持政策。二是赋予自贸区法规制定权,其在遵循法治原则与法定程序的前提下,自行拟定并出台行政法规以及管理规章。三是赋予自贸区改革创新试错免责权,为其大胆闯、大胆试、自主改提供保障。四是赋予自贸区海关关税自主权,允许自贸区自行决定对各类商品是否征税及适用税率。

(二)差别化探索自贸区发展模式,以高水平开放助推国内外经济良性循环

对接国际高标准投资贸易规则的自贸区必然要实现人流、物流、资金流、信息流、数据流的完全自由流动,这对自贸区制度创新的差别化探索提出了更高的要求。差别化探索既是为了形成各自发展特色,防止同质化竞争,也是均衡经济发达地区与欠发达地区发展、疏通国内市场大循环脉络的重要手段。因此,自贸区要持续深化改革创新,进一步深化差别化探索,制定各具特色、各有侧重的改革任务,明确各自发展定位和产业特色,加大压力测试,更好地发挥自贸区改革开放试验田的作用。一是聚焦"两个服务",聚拢高端高新产业。"两个服务",即主要服务京津冀协同发展和高标准高质量建设雄安新区两个国家战略。"高端高新产业",即新一代信

息技术、现代生命科学和生物技术、国际大宗商品贸易、港航服务、能源高端装备制造、生物医药、能源储备、航空物流、航空科技、融资租赁等产业。二是充分考虑自身地理位置以及要素禀赋，结合地方发展战略，找准自贸区发展定位。为地方发展进行制度创新和试错是自贸区的天然职责，这就要求自贸区的发展定位紧密结合地方发展战略。自贸区发展定位的表述要做到"精而准"，不然就失去了制度创新的本意，也难以将制度创新落到实处。三是要将地方首创精神与服务国家发展大局相结合，为制度创新的可复制可推广提供条件。自贸区以制度创新为核心，以可复制、可推广为基本要求。地方自贸区要为区域发展、国家发展勇于试错、敢于试错。京津冀目前都拥有自贸区，河北自贸区的发展定位要牢牢抓住服务京津冀协同发展战略这一核心，努力成为自贸区引领区域协同发展的样板区域。四是激活服务贸易活力，带动中国企业在有关国际产业链、供应链以及价值链运行过程中的生产性服务及服务贸易的发展。通常情况下，制造业比重与服务业发展状况存在对应关系。然而在中国，庞大的制造业产业链、供应链及价值链所对应的服务贸易基地却大量位于国外。这就要求进一步激活服务贸易活力，鼓励使用新一代技术手段，大力发展以大数据、区块链以及人工智能为核心技术的数字贸易，实现服务贸易"看得见、摸得着、落实地"，进一步放开物流、研发等服务业领域的市场准入，抓住机遇引资补链，补齐国家服务贸易的短板。

（三）深化科技创新体制改革，优化配置国内外创新资源

承接北京非首都功能疏解，促进京津科技成果转化，是国家交付给河北自贸试验区的一项重要任务。使命在肩，河北省需从协同联手打破"壁垒"发力，推进区域产业协同创新进程，深化与北京中关村、天津滨海新区以及京津各类科技机构的全方位、深层次合作与创新实践。搭建京津冀科技资源共享服务平台，促进科技资源跨区域自由流通、充分共享，实现科技要素在京津冀三地的高效配置与深度利用。加快建立与国际投资贸易规则相适应的行政管理体系和服务体系，推动区域产业协同创新，促进要素跨区域流动。建立知识产权法庭、检察室、仲裁院、维权援助分中心等

多机构协同保护机制，构建集行政保护、司法保护、调解仲裁于一体的知识产权保护体系，促进全球商品、资本、人才和信息等资源要素高度集聚、高效配置。制定发布河北自贸试验区促进科技创新发展的若干政策实施细则，根据国家和省市有关政策法规，制定支持培育发展科技型企业、支持高新技术企业和科技"小巨人"企业发展、支持创新平台建设、促进科技成果转化、支持科技孵化基地建设等若干促进科技创新发展的政策。大力引进人才、技术、资本等关键高端要素，以全新思路和高效机制，加速构建现代服务业体系，全力打造全球创新高地。推动与金融机构联动合作，打造"银行授信、保险担保、政府补偿、基金支持、配套参与"的多维金融创新协同机制。充分发挥自贸试验区的政策优势与开放活力，全方位吸纳全球技术、人才等高端生产要素，推动高端高新产业加速集聚，形成强大产业集群效应。引入高端国际会议，精心谋划高水平、影响大的投融资对接活动，举办有世界水平和国际影响力的高端展会论坛，聚天下之智，为河北省高质量发展赋能。拓展国际科技合作，加强国际交流，加强与日、德等发达国家在科技创新、数字化、职业教育、知识产权保护、经贸投资、财政金融、医疗康养、养老照护、节能环保、旅游观光等领域的合作。紧密对接高等院校与科研平台，充分整合、高效运用其雄厚的研究能力与优质的研究力量，促进知识成果高效转化。在深入推进京津冀协同发展中加快自贸试验区建设，实现共享共赢。

（四）加快补齐人才短板，打造创新人才高地

面向国际国内两个市场，聚焦高端装备制造、生物医药、新一代信息技术、高端现代服务业等高端高新产业领域，实施引机构、引技术、引平台、引项目、引人才战略，大力集聚金融、财务、外汇、法律、贸易服务等领域的高端专业人才与高级技术人员，尤其注重吸引能够主导创新资源配置的卓越企业家与顶尖科学家，以人才汇聚为核心驱动力，赋能产业高质量发展。积极探索知识、管理经验、专业技能等创新要素融入分配的全新规则体系，通过政策调控、资源优化配置等手段，引导资金、技术、人力等各类要素资源向有利于激励创新人才的方向精准倾斜。探索人才和技术资本化评价机制，打造"人才有价"评估平台，实现知识产权可作价、成果转化能估价、人才团队有身价，加快构建更具国际竞争力的人才制度体系。面向全球海内外人才，开辟"绿色通道"，加大引进力度。立足"离岸创新、全球孵化"，建立有利于产业和人才集聚的财税制度，开展海外人才离岸创新创业试点，打造宜业宜居的青年人才、专业人才、高层次人才集聚高地。率先研究建立"轨道人才"的柔性政策体系，便于各类人才实现多点执业、多重身份的自由转换，从而形成自贸试验区更广范围、更大力度、更具包容的人才吸纳和共享环境。紧扣"高、精、尖、缺"人才需求导向，全力支持在自贸试验区引入国际领先的专业技术职业培训项目，精准实施高级研修计划，着力开展急需紧缺人才专项培训项目，全面提升人才专业素养与实践能力。对自贸试验区重点领域的高技能人才培养基地，在资助额度上予以倾斜。在自贸试验区试点技能等级认定方面，构建新技能培训评价体系，搭建工程技术领域高技能、工程技术人才发展贯通机制，破除人才流通障碍。

（五）深化金融领域开放创新，为自贸区建设注血撑力

按照国家"金融服务开放创新""建设金融创新先行区"的明确要求，发展与河北自贸试验区产业相结合的新型金融业态，建设国际金融资产交易中心等重大金融平台。鼓励各类金融机构根据国家规定，在自贸试验区进行金融产品、业务、服务和风险管理等方面的创新。推进绿色金融第三方认证计划，探索开展环境信息强制披露试点，建立绿色金融国际标准。重点发展融资租赁产业，通过金融开放创新吸引集聚全球优质资本要素。适时召开"产融对接成果发布高峰论坛暨河北省自贸试验区金融科技峰会"，围绕"依托金融科技，加速产融结合"主题，发布产业项目指南信息，邀请政府、金融业、实体企业、技术社群和高校的专家、高级技术人员等参加交流，共同探讨金融科技如何助力产融高效对接。通过搭建银政企对接平台、开设专属绿色通道、建立重点项目专项审批机制等措施，积极为自贸区企业提供便捷高效的贸易结算服务；探索建立大宗商品交易平台，积极为自贸区企业提供金融创新服务；通过推进国际贸易"单一窗口"

建设、"跨境e+"服务平台建设，为自贸区企业提供贸易和投资便利化服务；通过制定符合自贸区特点的风险管理政策，建立自贸区业务风险管理模型、风险预警机制和风险考核机制，构建信息支持系统及风险管理组织架构等，全力保障自贸区企业金融安全。全面落实金融开放新举措，建立健全金融机构体系、要素市场体系。在加快引进外资法人金融机构、区域性金融总部和功能性金融机构的同时，加快吸引资产管理机构、基金公司、理财公司、养老金管理公司等新兴金融机构落户，率先形成金融开放新优势，打造金融开放新高地。积极引进拥有良好市场声誉和信用记录，在风险管控、信用评级、消费金融、养老保险、健康保险等方面具有特色和专长的外资机构进入自贸试验区。

持续推进金融创新，提升金融服务功能。河北自贸区要逐步开放金融创新窗口，支持金融机构设立金融资产投资子公司，开展合格境外有限合伙人和合格境内投资企业业务试点，进行股权融资和债券融资，灵活运用各种金融工具，丰富金融业务种类，吸引外资投入，降低项目投资门槛，同时加强风险识别和风险防控。积极推进自贸区国际大宗商品、港航服务、能源储备、再制造等产业的项目创新，通过金融机构结售汇、资本项目可兑换、信用证等金融业务创新，为相关产业提供优质的金融服务支持，并优化符合自贸区内的各类市场主体发展需求的金融产品服务。天津自贸区积极开展跨境本外币资金池、跨境融资、融资租赁收取外币租金等创新金融业务，成果显著，成功吸引了民营与外资金融机构入驻，还推动了村镇银行发展，助力普惠金融服务。河北自贸区可充分借鉴这些经验，结合自身实际开展相关业务，深化金融科技应用，推动自贸区数字化贸易建设，搭建数字贸易平台，开展制度创新，为自贸区产业提供更优质的金融服务。

优化产业结构调整，打造产业链金融优势。河北自贸区要继续立足自身区位优势与产业特点，积极开展全产业链绿色创新研究，提升地区竞争力，同时推动京津冀产业结构调整，打造合作共享自贸成果的区域协同模式。天津自贸区与驻京央企携手，在跨境并购、混合所有制改革等领域展开深度合作，同时发起设立了京津冀众创联盟与京津冀跨境电商联盟。河北自贸区可立足自身产业特色进行优化调整，以此为抓手推动京津冀区域经济一体化协同发展。一方面积极开展金融招商活动，另一方面着力完善金融机构体系，充分释放产业链金融优势，提升区域经济整体竞争力。河北自贸区要积极发布支持自贸区产业链金融发展的政策，并为大宗商品交易提供金融服务平台；要关注供应链大宗商品融资、大宗商品买断式融资等业务的创新，重点关注各平台进驻企业，如五矿、曹妃甸国际贸易有限公司等大中型贸易企业在银行的业务机会；要跟进自贸区相关产业链供应链创新发展制度创新举措，适配各行业产品和服务，着力推进大宗商品OTC套保、期货通、组合套保、联动套保，为产业链相关企业提供全面的交易与风险管理服务；要关注钢铁、原油、天然气、煤等产业链创新与业务机会。

推动跨境人民币业务创新，深化外汇管理体制改革。河北自贸区要全力支持区内银行开展境外人民币贷款业务，助力企业在境内顺利发行人民币债券。积极探索境内人民币贸易融资新模式，推进资产跨境转让业务落地，多管齐下推动跨境人民币业务创新发展。一是推进跨境人民币的使用，结合人民银行会同发展改革委、商务部、国资委、银保监会、外汇局联合发布的《关于进一步优化跨境人民币政策 支持稳外贸稳外资的通知》（银发〔2020〕330号），做好银行内部流程优化。二是推进跨境人民币资产转让，结合跨境人民币业务创新导向，积极与人民银行、外汇局等监管部门沟通，减少外汇管理行政审批，争取"境内人民币贸易融资资产跨境转让业务"优先在自贸区机构落地，放宽跨国公司外汇资金集中运营管理准入条件，促进跨境融资便利化。持续推进本外币合一银行结算账户体系试点，以人民币银行结算账户为基础，适当实现"资金管理"与"账户管理"分离，适应人民币国际化和外汇管理需要。

二、河北沿海经济带综合保税区高质量发展的对策建议

（一）突出特色，分类推进，加快申报进程

持续提升曹妃甸、秦皇岛综合保税区建设水平。通过多区联动、港区

联动,实现招商政策效应倍增和口岸保税功能叠加。如推动秦皇岛综合保税区与高新区、经开区东区、山海关临港产业园等统一规划;加快推进黄骅港综保区申报设立;引进外向型大项目入驻,鼓励加工贸易和保税物流,努力达到审批条件。同时,提前谋划与雄安新区的项目对接,探索在雄安新区设立内陆港,释放政策组合红利。

(二)创新业态,优化服务,发挥带动效应

大力支持"保税+"业态创新发展,促进产业结构多元化。借助全省承接京津科技外溢与产业转移的重大契机,全力推动保税研发、保税商品销售服务、融资租赁等新兴业态蓬勃兴起;大力培育无船承运、船舶租赁等新型产业形态;重点聚焦生物医药、船舶装备、航空装备等领域,加速产业集聚进程;积极推进智慧综保区建设,加快综合保税区数字管理平台搭建;促使海关、边检、海事、检验检疫等口岸管理部门依托数字平台,实现数据共享与并联执法;联动周边港口,打通环渤海综合运输通道;承接大型央企和世界500强企业的外向型经济板块,做好高端高新产业的引入与布局规划,打造高水平对外开放的示范标杆。

(三)优化环境,完善政策,吸引企业聚集

全力优化营商环境,在综合保税区内进一步推广应用"提前申报""两步申报"等便利政策;进一步优化各类商品检验模式,允许第三方检验机构参与综合保税区商品进出区检验;提供便利条件推动落户项目到资、投产、增资、配套等连续性建设,确保入区项目进得来、留得住、发展好。大力推进招商引资,加强省级层面统筹,指导各综合保税区设立专门招商机构,吸引500强企业、独角兽企业、外贸服务领军企业等向综合保税区集聚;吸引经营销售、物流、检测、维修、研发业务的生产性服务业进驻综合保税区,形成集群优势。加强金融支持,推动金融办等部门联合政策性金融机构、商业银行等根据各个综合保税区的实际需求,为项目建设和企业运营提供信用贷款、出口信用保险、融资担保等金融服务。

三、河北沿海经济带开发区高质量发展的对策建议

（一）深化沿海经济带开发区体制机制改革

1. 编制并发布沿海经济带高质量发展规划

编制并发布沿海经济带高质量发展规划，明确发展区域范围、战略定位、发展目标，并将其作为该区域当前和今后一个时期高质量发展的纲领性文件。同时，建立省级综合管理机构，提出切实可行的协同发展目标和实施计划。

2. 以培育"新功能"为导向，加快推进简政放权

在新形势下，与发展较成熟的沿海开发区功能定位不同，新兴沿海开发区的战略发展目标应是在学习借鉴成功经验的基础上，尽快完善制度建设，加快培育园区发展新动能，创新政府服务职能，发展具有特色的新兴沿海开发区。首先，合理配置政府权力，赋予沿海开发区更大的改革自主权，是新兴沿海开发区"放管服"改革的重点。深化审批制度和商事制度改革，落实沿海开发区的改革诉求。在沿海开发区分权过程中，政府有关部门可逐步下放一切可由市场调节、社会承担的事项，对于必要的审批事项，按照执行能力和管理方便的原则逐步下放。其次，优化流程，提升效率。简化审批流程，压缩前置环节并公开时限，整体提升工作效率，缩减工作程序，推行网上审批，提升效率。全面贯彻清单管理制度，对事项清单予以系统梳理与完善，明确各项清单内容的边界与范畴。强化清单整体运行监管，构建科学评估机制，依据实际业务变化、政策调整等因素，实时动态调整清单内容，确保清单始终契合发展需求。严格按照既定周期对清单进行梳理、优化，以规范的流程与标准推进清单管理工作，提升管理效能。

3. 以"创新平台"为基础，进行协同监管

依托现代科技赋能，实现要素资源的共享与应用，助力管理职能向智能化跃升。沿海开发区欲实现高质量发展，必须紧紧依靠科技创新这一核心驱动力，并运用大数据、人工智能等前沿技术手段，优化管理流程与架构，提

升管理效率。首先，搭建集技术研发、成果转化、产业服务于一体的综合性创新平台，为新兴业态提供技术支撑与政策引导，助力其蓬勃发展，加速产业集聚进程。其次，在智慧综保区建设方面，依托创新平台打造智能化的综合保税区数字管理平台，不仅能提升管理效率，更成为海关、边检、海事、检验检疫等口岸管理部门协同监管的重要载体。各部门依托该数字平台，可实现数据实时共享与执法流程的并联化。

4. 以"新标准"为要求，健全配套服务体系

在"双循环"格局下呈现新的发展模式，带动沿海开发区的高质量发展。聚焦完善基础设施建设，加大对薄弱环节的投资力度，精准发力重点领域。在当前新形势下，需统筹兼顾国内国际双循环，推动沿海开发区协同发展，实现高水平开放与高质量发展的有机统一。开放模式应从单纯的商品要素流动，向管理规范、标准等制度层面拓展。通过推动国内规章制度对标国际高标准市场规则体系，使沿海开发区成为"双循环"发展的重要支撑载体。首先，要建立高标准的管理机制，实施更加精准的清单管理，提升管理工作效率。在沿海开发区管理规则体系建设方面，应深度对标国际先进标准，构建现代化管理体系。其次，做好配套制度的完善工作。完善保障体系建设工作，转变传统的应急管理理念，树立公共风险治理防范的全新理念，通过加强风险防控机制的专业化措施，提升沿海开发区的风险防控能力，以满足新形势下多变的经济发展新需求。加强各部门与沿海开发区的协同联动，搭建信息与资源高效流通的桥梁，实现要素无障碍共享。同时，政府要强化对沿海开发区的工作指导，明确政策导向，完善监管机制，全方位护航开发区稳健发展。最后，为契合现实需求，沿海开发区应立足实际优化整体管理体制，构建"综合服务平台"。充分发挥自身优势，推动产业深度融合，助力产业朝着高品质、多元化方向发展，进而拓展消费增长空间。构建沿海开发区独特的产业链、供应链，实现合作与成果共享，推动跨境融资活动发展，提高境外投融资便利化程度，实现沿海开发区高质量发展，提高人民生活水平。

（二）全面提升沿海经济带开发区能级和水平

1. 全面提升沿海地区国家级开发区能级

在新发展阶段，河北省沿海地区国家级开发区要再度发挥"领头雁"作用，全力打造改革开放新高地。具体而言，着重提升唐山曹妃甸经开区、沧州临港经开区的发展水平，力争使其主营业务收入突破千亿元大关；推动秦皇岛经开区奋力跻身国家级开发区"第一方阵"；同时，加快推进秦皇岛经开区中关村海淀园分园的建设工作。

2. 发挥开发区要素集聚、开放创新优势

建设一批科技创新平台，培育壮大新一代信息技术、节能环保、生命健康等新兴产业，发挥新区新城产业集聚作用，重点推动工业互联网、大数据、人工智能等与传统产业深度融合，发展高端智能装备产业，建设智能化、特色化工业技术创新基地。创新发展机器人及智能制造装备，支持高端金属材料、储能材料、高性能复合材料、石墨烯材料、3D打印材料等材料的研发和产业化，延伸壮大特色新材料产业链条。大力培育一批具备国际竞争力的高水平创新主体。集中优势科研力量，全力攻克制约产业发展的关键技术与"卡脖子"难题。充分运用标准引领、资金支持、市场驱动等多元手段，打造具有全球影响力的高层次创新品牌。构筑一批成果转化新高地，着力打通科技成果转化上中下游全链条，构建完整高效的供应链体系。大力培育行业头部企业与"隐形冠军"企业，通过强化创新驱动与资源整合，促使这些企业更好地融入全球创新链、产业链、价值链，加速推动产业迈向高端化，助力产业链实现现代化转型。

3. 实行开发区产业链"链长制"

鼓励国家级开发区托管省级开发区、市级开发区，实行开发区产业链"链长制"。一方面，针对国家级开发区土地资源紧张的现状，精准引入优势产业上下游的中小企业入驻园区。通过完善产业链条，实现优势产业的延链、补链，推动产业集群朝着集约高效的方向蓬勃发展。另一方面，充分挖掘并释放国家级开发区在管理经验与产业集群方面的优势，促使管理效应向周边区域外溢。以打造"开发区河北发展样板"为目标，带动区域经

济整体提升。

(三) 推进沿海经济带开发区协同发展战略

1. 实施"一区多园"战略，促进园区一体化发展

河北沿海主要开发区分处在三大组团的核心部位，以主要开发区为核心，实施"一区多园"发展战略，对于优化河北省沿海地区产业结构、完善综合社会功能、加速区域经济发展都具有重要意义，将推动河北省沿海地区形成以点带面、和谐推进的新格局。河北沿海开发区应在对产业发展状况开展深入调研的基础上，深入分析各开发区产业发展的宏观布局，合理借鉴"一区多园"思路，建设具有不同特色和优势的科技园区，充分调动各园区积极性，根据产业发展趋势和要求，发挥园区承载经济发展的辐射带动作用，有效破解开发区发展的空间瓶颈，促进开发区可持续发展，为区域经济发展注入新的活力。

2. 借助区域内外科教资源，提升产业创新能力

产学研融合现已成为全球各国提升企业经济社会效益的通用且高效的路径。河北省沿海地区紧邻北京、天津，周边重点高校与科研院所密集，应依托京津地区的重点高校资源，积极引导并鼓励企业与名校深度合作，充分发挥高校在科技研发、人力资源、实验设备等科研平台方面的显著优势，全力推进产学研一体化进程。这一举措将极大提升河北沿海产业的创新能力，强力推动河北沿海经济实现高质量发展。

3. 借助京津高智资源，有效破解发展制约

高层次人才匮乏是河北省沿海地区科技创新能力不足的直接诱因，而高水平大学稀缺则是造成人才短缺的关键因素。京津地区是国内高层次人才高度集聚的区域，两市"双一流"建设高校数量占全国总数的1/4，院士人数更是超过全国半数。河北沿海开发区坐拥邻近京津的地缘优势，应充分加以利用，积极吸引京津地区高层次人才以及海外留学人员前来指导研发或投身创业。同时，加快推进河北省沿海地区京津人才创新创业园的建设进程，同步完善人才配套服务体系，全方位解决人才的后顾之忧，为提升沿海开发区科技创新能力筑牢人才根基。

4.承接京津产业转移，与京津地区协调发展

加快环渤海京津冀地区城际轨道交通网规划的修编工作，全力推动构建京津与秦唐沧一小时交通圈。京广高铁的贯通，让河北成为全国高铁线路布局最为密集的省份之一，高铁沿线城市交通枢纽优势将愈发凸显。津秦客运专线将加快秦皇岛、唐山、沧州等沿线城市与津京人员、物资、资金、信息的流动。河北沿海开发区应充分利用地理区位优势，加强与京津地区在产业发展、基础设施和一体化市场体系建设等方面的对接融合，创新区域合作机制，建立健全政策体系，构筑完善的承接平台，促进京津产业转移，积极推动京津冀一体化发展，使河北沿海开发区成为京津拓展发展空间的首选之地。

（四）构建沿海经济带开发区人才政策体系框架

沿海开发区在构建人才体系过程中，应秉持全球视野与本土情怀并重的理念，要将工作重心聚焦于营造优质人才发展综合环境，以此谋求沿海开发区人才工作的可持续发展。综合国内外沿海开发区现行人才政策的经验做法，结合河北沿海开发区人才供给不足的现状，在进行人才政策顶层设计时，应规避以往注重"大而全"的传统思路，转向精准化、细则化的新设计理念，即在立足人才需求预测的基础上，紧紧围绕急需紧缺人才出台专项政策，并以专项政策为中心制定多方面的配套细则，从政策制定源头强化政策的接地性、可操作性。对于河北沿海各开发区而言，不宜各自为政制定综合性人才政策。各自制定易出现政策重复与交叉，进而引发沿海开发区间人才政策冲突，导致非理性人才流动。最为可行的政策设计思路是：由主管部门负责谋划出台全能型领军人才、管理人才、服务人才三类通用人才队伍建设的实施意见，统一政策口径，避免片区间无序竞争；由各片区管委会分别对应自身定位，负责制定数字经济产业、生物制药产业、临空产业、航海产业、高端装备制造产业等特定产业人才政策；综合以上专项政策和对应实施细则，形成清晰合理的沿海开发区人才政策总体框架体系。

附　　录

沿海经济带政策汇编

层面	时间	文件名称	文号	发文机关	核心内容要点
国家	2013-01-21	国务院关于印发全国海洋经济发展"十二五"规划的通知	国发〔2012〕50号	国务院办公厅	1. 梳理发展现状及目标：我国海洋经济快速发展的同时也面临严峻挑战，目标是海洋经济总体实力进一步提升、海洋科技创新能力和可持续发展能力进一步增强等 2. 发展举措：在发展海洋服务业中重点谈到大力发展海洋交通运输业，具体包含海上运输、港口建设、港口物流三个方面
	2014-06-10	交通运输部关于推进港口转型升级的指导意见	交水发〔2014〕112号	水运局	1. 主要目标：基本形成质量效益高、枢纽作用强、集约发展、高效便捷的现代港口服务体系 2. 主要任务：积极发展现代港口业、推进综合交通枢纽建设、科学引导港口集约发展、深化港口绿色平安建设、提升港口信息化水平
	2017-08-17	交通运输部关于学习借鉴浙江经验推进区域港口一体化改革的通知	交水函〔2017〕633号	交通运输部	要求相关省份充分认识到推进区域港口一体化发展的重要意义，在对浙江推进区域港口一体化改革的经验进行学习借鉴的前提下，因地制宜有序推进本省的区域港口一体化发展

(续表)

层面	时间	文件名称	文号	发文机关	核心内容要点
国家	2019-07-10	交通运输部关于推进长江航运高质量发展的意见	交水发〔2019〕87号	水运局	1. 总体目标：逐步全面建成长江航运高质量发展体系，为推动长江经济带高质量发展提供坚实支撑 2. 主要任务：强化系统治理、推进设施装备升级、推进航运技术创新、巩固体系建设、强化现代治理
	2020-02-03	交通运输部 发展改革委 工业和信息化部 财政部 商务部 海关总署 税务总局关于大力推进海运业高质量发展的指导意见	交水发〔2020〕18号	水运局	1. 总体要求：逐步全面建成海运业高质量发展体系，全面实现海运治理体系和治理能力现代化 2. 主要任务：完善运输装备、深化市场改革、绿色创新发展、强化安全保障、谋求开放合作、健全治理体系等
	2022-11-18	交通运输部、国家发展改革委关于印发《长江干线港口布局及港口岸线保护利用规划》的通知	交规划发〔2022〕110号	交通运输部 国家发展和改革委员会（含原国家发展计划委员会、原国家计划委员会）	1. 发展目的及规划：着力推动港口集约化发展、绿色化转型和智慧化升级，全面建成现代化长江干线港口体系，以此推动长江经济带发展 2. 主要任务：完善港口功能布局、集约高效利用港口岸线、推动港口高质量发展等
	2023-03-29	交通运输部 国家发展改革委 自然资源部 生态环境部 水利部关于加快沿海和内河港口码头改建扩建工作的通知	交水发〔2023〕18号	水运局	1. 首先要充分认识到码头改建扩建的重要性 2. 根据总体原则准确把握码头改建扩建工作范围，优化程序要求 3. 加强政策和要素支持，组织实施过程中强化各方面协调

（续表）

层面	时间	文件名称	文号	发文机关	核心内容要点
国家	2023-12-04	交通运输部关于加快智慧港口和智慧航道建设的意见	交水发〔2023〕164号	水运局	1. 发展目标：全国港口和航道基础设施数字化、生产运营管理和对外服务智慧化水平全面提升，建成一批世界一流的智慧港口和智慧航道 2. 主要举措：夯实数字底座、推进港口生产智慧化为首要的生产运营管理智慧化以及对外服务智慧化等
国家	2023-12-13	交通运输部 中国人民银行 国家金融监督管理总局 中国证券监督管理委员会 国家外汇管理局关于加快推进现代航运服务业高质量发展的指导意见	交水发〔2023〕173号	水运局	1. 总体目标：现代航运服务业实现高质量发展，全面提升现代航运服务业发展水平和国际影响力，服务加快建设交通强国、海洋强国 2. 主要任务：提升航运交易及信息服务、航运技术服务、航运基础服务能力等
国家	2024-06-06	交通运输部关于新时代加强沿海和内河港口航道规划建设的意见	交规划发〔2024〕67号	交通运输部	1. 主要目的及总体要求：为加快建设交通强国，要立足新发展阶段，高质量构建现代化的港口与航道体系 2. 战略规划：强化水运战略研究和规划工作、推进多层级的国家港口枢纽体系建设、加快国家高等级航道规划建设、推动一体化高质量发展
地方	2013-09-23	泉州市人民政府关于进一步提升口岸综合竞争力、促进外贸进出口货物就地通关若干措施的通知	泉政文〔2013〕235号	泉州市人民政府	为提升口岸综合竞争力、促进外贸进出口货物就地通关，对于交通港口方面，着重提出重视综合配套服务体系建设。在海事方面，要加大海事专业支持力度，优化港口产业链条等

(续表)

层面	时间	文件名称	文号	发文机关	核心内容要点
地方	2013-09-28	辽宁省人民政府关于印发辽宁海岸带保护和利用规划的通知	辽政发〔2013〕28号	辽宁省人民政府	规划主要在第七章涉及港口物流板块，确立了适度加快沿海港口建设步伐，形成高质量现代化沿海港口群的战略目标。并明确提出优化港口空间布局的措施和发展综合性港口的重要任务
	2014-06-16	江苏省人民政府关于印发江苏交通运输现代化规划纲要（2014—2020年）的通知	苏政发〔2014〕74号	江苏省人民政府	1. 首先明确当前形势下率先发展交通运输业的重要性和必要性 2. 为实现交通网络现代化，应加快干线航道成网和港口升级等 3. 在第五章货运与物流服务现代化中，指出要从布局、服务、对外开放方面增强港口物流竞争力
	2014-06-19	盘锦市人民政府关于加快辽东湾新区开发建设的意见	盘政发〔2014〕19号	盘锦市人民政府	在全面加速推进辽东湾新区开发建设中，意见强调目前辽东湾新区已经形成了港口、产业、城市互动发展的新格局。为巩固成果，特提出全市各部门要共同支持辽东湾新区加快崛起，并且要切实加快开发建设进程等
	2014-12-12	河北省人民政府关于加快沿海港口转型升级为京津冀协同发展提供强力支撑的意见	冀政〔2014〕123号	河北省人民政府	1. 首先明确沿海港口的物流枢纽功能以及港口、产业、城市一体化发展的目标 2. 加快在基础设施、疏运体系、临港物流等方面的港口建设 3. 发挥港口建设在京津冀协同发展中的桥梁作用
	2014-12-26	厦门市人民政府办公厅关于印发贯彻福建省加快港口发展行动纲要（2014—2018年）实施意见的通知	厦府办〔2014〕193号	厦门市人民政府	1. 首先提出以现代化港口为基础，构建现代航运服务体系的总体目标 2. 为促进港口发展，提出主要任务包括构建高效便捷物流网络、发展现代港口物流等，并强化各项保障措施

（续表）

层面	时间	文件名称	文号	发文机关	核心内容要点
地方	2015-06-18	连云港市发展和改革委员会关于"一带一路"背景下实现我市港产城互动发展的意见的提案		连云港市发展和改革委员会	1. 推动港产城互动发展过程中，把大区域港口物流合作作为港产城互动的切入点，明晰由滨海向内陆形成港口—产业—城市梯次格局 2. 充分把握"一带一路"建设契机，利用港口物流的对外合作优势进行国际交流与合作
	2016-04-21	浙江省人民政府办公厅关于印发浙江省海洋港口发展"十三五"规划的通知	浙政办发〔2016〕42号	浙江省人民政府	1. 首先对浙江海洋港口发展成效及态势进行总结 2. 明确发展目标：打造"四个一流"，积极带动全省港口建设和海洋经济发展 3. 提出具体发展举措：包括港口发展布局、港口集疏运体系建设、港口经济圈构建、体制机制创新等
	2016-07-28	福建省发展和改革委员会、福建省海洋与渔业厅关于印发《福建省海岸带保护与利用规划（2016—2020年）》的通知	闽发改区域〔2016〕559号	福建省发展和改革委员会 福建省海洋与渔业厅	第六章涉及港口物流相关内容，主要包括： 1. 明确目标：发展成为全国重要的现代化港口群 2. 推进港口合理布局 3. 全力打造现代航运服务体系
	2016-11-01	锦州市人民政府关于促进锦州地区港口行业服务临港产业的意见	锦政发〔2016〕56号	锦州市人民政府	1. 发展目标：依托港口资源优势，以临港产业推进工业化、促进城市化，实现经济跨越式发展 2. 主要任务：推进港口转型升级、加强港口配套基础设施建设、打造海陆空一体临港产业、建立和完善物流信息平台并加强各项保障措施
	2016-12-06	辽宁省交通厅关于推进辽宁沿海港口转型升级的指导意见	辽交港航发〔2016〕445号	辽宁省交通厅	1. 发展方向：基本形成现代化港口服务体系，实现港口、产业、城市互相促进并融合发展 2. 主要举措：加强基础设施供给、综合运输体系、港口服务、体制创新、国际合作等各方面发展

（续表）

层面	时间	文件名称	文号	发文机关	核心内容要点
地方	2017-02-07	北海市人民政府办公室关于印发北海市海洋产业"十三五"发展规划的通知	北政办〔2017〕7号	北海市人民政府	1. 发展目标：海洋产业综合竞争力全面提升，初步形成现代海洋产业体系。产业范围是海洋渔业、海洋旅游业、海洋交通运输业等十大海洋产业 2. 重点任务：在海洋交通运输业方面，着力优化港口功能布局，发展港口服务、物流体系、港口码头建设
	2017-04-20	东莞市人民政府办公室关于印发《东莞市海洋经济发展十三五规划（2016—2020）》的通知	东府办〔2017〕51号	东莞市人民政府	规划在第四章提升海洋产业综合竞争力中指出，要强化提升海洋交通运输业优化发展，包括优化提升港口布局与功能，加快发展现代物流业
	2017-06-15	江苏省政府关于深化沿江沿海港口一体化改革的意见	苏政发〔2017〕80号	江苏省人民政府	1. 主要目标：推动全省港口有序健康发展，提升港口整体竞争力 2. 重点任务：完善港口规划体系以及加强绿色平安智慧港口建设、积极推进临港物流园区规划建设以促进航运物流业集聚发展等
	2018-09-21	江苏省人民政府办公厅关于印发江苏省内河港口布局规划（2017—2035年）的通知	苏政办发〔2018〕71号	江苏省人民政府	1. 首先对发展现状及未来方向进行总结：提出内河港口对于经济社会发展的重要性，以及未来建设更高水平的现代化内河港口的必要性 2. 其次对港口岸线利用和布局进行详细规划并提出各方面保障措施
	2019-04-18	沧州市人民政府办公室关于推进"港口型国家物流枢纽承载城市"建设的实施意见	沧政办发〔2019〕5号	沧州市人民政府	为科学推进"港口型国家物流枢纽承载城市"建设，提出实施的总体要求，以及稳步提高物流组织效率、加快提升物流运行质量、积极培育物流发展新动能、着力营造良好发展环境等具体要求

(续表)

层面	时间	文件名称	文号	发文机关	核心内容要点
地方	2019-06-04	辽宁省十三届人大二次会议《关于依托港口综合物流能力，发展临港产业建设的建议》（1112号）答复		辽宁省交通运输厅	对于人大代表提出的关于依托港口综合物流能力发展临港产业建设的建议，从既往成就和未来展望两个方面给予答复
	2019-12-02	佛山市人民政府办公室关于实施顺德新港口产业园控制性详细规划等3个控制性详细规划的通知	佛府办函〔2019〕429号	佛山市人民政府	对顺德新港口产业园控制性详细规划明确具体建设实施要求
	2021-05-17	浙江省人民政府关于印发浙江省海洋经济发展"十四五"规划的通知	浙政发〔2021〕12号	浙江省人民政府	1.发展目标：形成具有重大国际影响力的临港产业集群，建成世界一流强港 2.主要任务：构建陆海统筹发展新格局、建设世界级临港产业集群、打造世界一流强港、增强海洋经济对外开放能力、完善海洋经济"四个重大"支撑体系等
	2021-06-10	浙江省交通运输厅关于印发浙江省水运发展"十四五"规划的通知	浙交〔2021〕61号	浙江省交通运输厅	1.首先对已有发展基础和当前形势进行初步分析，并提出未来发展目标：将高质量打造现代化水运体系，基本建成世界一流强港 2.主要举措：提升港口设施支撑能力、构建港口多式联运体系、加强港口开放合作、加快推动智慧港航建设
	2021-12-02	莆田市人民政府关于印发加快建设"海上莆田"推进海洋经济高质量发展三年行动方案（2021—2023年）的通知	莆政综〔2021〕141号	莆田市人民政府	1.发展目标：大力实施港口建设提升、临港产业升级、临海能源产业培育等八大专项行动 2.针对八大专项行动提出具体战略措施并提出强化实施保障

(续表)

层面	时间	文件名称	文号	发文机关	核心内容要点
地方	2021-12-23	日照市人民政府办公室关于印发日照市"十四五"海洋经济发展规划的通知	日政办字〔2021〕62号	日照市人民政府	1. 首先明确发展基础与形势：海洋经济已成为全市经济发展的最大潜力所在，要充分发挥海洋、港口、区位、环境优势，基本实现海洋治理能力现代化 2. 主要任务：建设可持续海洋生态环境、培育现代海洋产业新优势、加快建设一流海洋港口等
	2022-01-01	辽宁省人民政府办公厅关于印发辽宁省"十四五"海洋经济发展规划的通知	辽政办发〔2022〕2号	辽宁省人民政府	重点在第四章提出加快"老字号"海洋产业改造升级方面致力于推进海洋交通运输业高质量发展
	2022-01-27	河北省自然资源厅、河北省发展和改革委员会关于印发河北省海洋经济发展"十四五"规划的通知	冀自然资发〔2022〕3号	河北省自然资源厅 河北省发展和改革委员会	1. 明确当前形势及发展目标：加快推进沿海经济带高质量发展，大力发展海洋经济、临港产业 2. 发展战略方面：强调优化港口资源，构建布局合理、优势互补的现代化综合性港口集群，推动海洋交通运输业加速发展
	2022-01-30	嵊泗县人民政府办公室关于印发《嵊泗县港口产业高质量发展三年行动计划（2022—2024年）》的通知	嵊政办发〔2022〕3号	嵊泗县人民政府	1. 总体目标：聚焦高质量发展港口及关联产业，努力在"提能级、优布局、谋突破、强产业"上攻坚发力 2. 主要任务：积极推进县域港口能级提升、全力优化临港产业发展布局、聚力推动港航产业提标升级、合力推动海事服务突破发展等
	2022-08-15	广西壮族自治区人民政府办公厅关于印发钦州—北海—防城港港口型国家物流枢纽高质量建设三年行动计划（2022—2024年）的通知	桂政办发〔2022〕57号	广西壮族自治区人民政府	1. 主要目标：基本形成集约高效的物流组织体系、模式创新的现代物流产业集群、要素集聚的国家物流枢纽示范区域 2. 重点任务：推动多式联运、构建物流服务体系、完善国际化服务体系、提升物流设施能力、推动与临港产业联动发展等

(续表)

层面	时间	文件名称	文号	发文机关	核心内容要点
地方	2022-09-27	唐山市人民政府办公室关于印发《唐山市海洋经济发展"十四五"规划》的通知	唐政办字〔2022〕129号	唐山市人民政府	1. 初步分析了海洋经济发展的发展基础和当前形势，并提出未来发展目标：海洋经济综合实力稳步增强，现代海洋产业体系不断完善，海洋科技创新能力进一步增强 2. 发展规划中包括着力打造现代产业体系，其中，大力发展海洋交通运输业有助于海洋产业高质量跨越式提升
	2022-12-18	盘锦市人民政府办公室关于印发盘锦市"十四五"港口发展规划的通知	盘政办发〔2022〕30号	盘锦市人民政府	1. 总结了盘锦市港口在促进临港经济发展中发挥的重要作用及未来发展目标 2. 着重指出了在培育现代港口产业体系、推动港口朝集约融合现代化方向发展等方面的主要任务
	2023-07-26	潍坊市人民政府关于印发潍坊市推进临港经济区建设行动方案（2023—2025年）的通知	潍政字〔2023〕32号	潍坊市人民政府	1. 发展方向：构建"以港促产、以产兴城、以城育港、港城共荣"的临港经济区 2. 战略措施：打造港产城融合发展的滨海临港经济区、区位优势更加凸显的高密临港经济区、具有陆海联动特色的诸城临港经济区
	2023-11-17	南通市政府印发关于推动海洋产业高质量发展加快建设海洋强市的行动方案的通知	通政发〔2023〕25号	南通市人民政府	为系统推进全市海洋产业高质量发展，加快建设海洋强市，重点任务在于：首先加快打造现代海洋产业集群，其中包括海洋交通运输业等；其次提标打造大通州湾现代湾区，推动港产城深度融合发展，打造高能级临港产业基地等

参 考 文 献

[1] 刘艳红. 致知践实：秦皇岛发展之我"建"[M]. 秦皇岛：燕山大学出版社，2020.

[2] 王伟，朱小川，张常明. 湾区方略：中国东部沿海区域规划研究[M]. 北京：中国建筑工业出版社，2021.

[3] 林康，张兵，龚政. 江苏省沿海地区发展报告2020[M]. 北京：科学出版社，2021.

[4] 马仁锋. 中国沿海地区海洋产业结构演进及其增长效应[M]. 北京：经济科学出版社，2022.

[5] 王一鸣，陈冒盛. 高质量发展：宏观经济形势展望与打好三大攻坚战[M]. 北京：中国发展出版社，2022.

[6] 李大庆. 2022辽宁沿海经济带发展研究报告[M]. 北京：中国财政经济出版社，2023.

[7] 姜祖岩，张海文. 沿海地区"十四五"海洋经济发展规划汇编[M]. 北京：中国民主法制出版社，2024.

[8] 孙海燕，陆大道，孙峰华，等. 渤海海峡跨海通道建设对山东半岛、辽东半岛城市经济联系的影响研究[J]. 地理科学，2014，34（2）：147-153.

[9] 刘艳红，张丽丽，王超. 关于京津冀共建天津自贸区的建议 [J]. 经济与管理，2015，29（6）：11-12，23.

[10] 黄少安. 新旧动能转换与山东经济发展 [J]. 山东社会科学，2017（9）：101-108.

[11] 于谨凯，马健秋. 山东半岛城市群经济联系空间格局演变研究 [J]. 地理科学，2018，38（11）：1875-1882.

[12] 周颜玲. 我国主流意识形态建设视域下传承弘扬中华优秀传统文化研究 [D]. 济南：山东大学，2019.

[13] 赵传松. 山东省全域旅游可持续性评估与发展模式研究 [D]. 济南：山东师范大学，2019.

[14] 刘艳红，李芳，张丽丽，等. 河北省沿海经济发展补短板研究 [J]. 河北经贸大学学报（综合版），2018，18（3）：75-79，88.

[15] 郑英琴. 中国与北欧共建蓝色经济通道：基础、挑战与路径 [J]. 国际问题研究，2019（4）：34-49.

[16] 梁永贤. 山东省海洋经济创新发展研究 [J]. 中国海洋经济，2020（2）：96-112.

[17] 刘远书，籍国东，罗忠新，等. 南水北调东线治污对山东段的环境与经济影响：基于EKC曲线理论的实证分析 [J]. 中国人口·资源与环境，2020，30（10）：73-81.

[18] 赵忠秀，杨军. 全球"新冠肺炎"疫情对山东经济与产业链的影响及对策 [J]. 经济与管理评论，2020，36（3）：5-10.

[19] 张春宇. 蓝色经济赋能中非"海上丝路"高质量发展：内在机理与实践路径 [J]. 西亚非洲，2021（1）：73-96.

[20] 王瑞领，赵远良. 中国建设印度洋方向蓝色经济通道：基础、挑战与应对 [J]. 国际经济评论，2021（1）：155-173，8.

[21] 李加林，田鹏，李昌达，等. 基于陆海统筹的陆海经济关系及国土空间

利用：现状、问题及发展方向 [J]. 自然资源学报，2022，37（4）：924-941.

[22] 刘艳红，邱凤霞，杨涛，等. 基于专利分析的海洋工程装备产业创新研究 [J]. 中国海洋经济，2022，7（1）：1-15.

[23] 刘艳红，曹春芳，杨爽. 财政支持河北省沿海经济高质量发展对策研究 [J]. 价值工程，2023，42（23）：1-3.

[24] 章扬，吴晓坤. 秦皇岛县域特色产业体系培育发展的对策与建议 [J]. 中文科技期刊数据库（全文版）社会科学，2023（11）：118-122.

[25] 高玲，王朋才，王洪海. 连云港推进沿海经济带高质量发展的问题与对策 [J]. 全国流通经济，2021（30）：121-123.

[26] 王文燕. 推进沧州沿海经济带高质量发展研究 [J]. 内蒙古煤炭经济，2021（9）：210-211.

[27] 吴琳. 加快推进辽宁沿海经济带高质量发展 [N]. 光明日报，2023-03-10（11）.